Introdução ao estudo das Leis na Bíblia

COLEÇÃO BÍBLIA EM COMUNIDADE

PRIMEIRA SÉRIE – VISÃO GLOBAL DA BÍBLIA

1. Bíblia, comunicação entre Deus e o povo – Informações gerais
2. Terras bíblicas: encontro de Deus com a humanidade – Terra do povo da Bíblia
3. O povo da Bíblia narra suas origens – Formação do povo
4. As famílias se organizam em busca da sobrevivência – Período tribal
5. O alto preço da prosperidade – Monarquia unida em Israel
6. Em busca de vida, o povo muda a história – Reino de Israel
7. Entre a fé e a fraqueza – Reino de Judá
8. Deus também estava lá – Exílio na Babilônia
9. A comunidade renasce ao redor da Palavra – Período persa
10. Fé bíblica: uma chama brilha no vendaval – Período greco-helenista
11. Sabedoria na resistência – Período romano
12. O eterno entra na história – A terra de Israel no tempo de Jesus
13. A fé nasce e é vivida em comunidade – Comunidades cristãs na terra de Israel
14. Em Jesus, Deus comunica-se com o povo – Comunidades cristãs na diáspora
15. Caminhamos na história de Deus – Comunidades cristãs e sua organização

SEGUNDA SÉRIE – TEOLOGIAS BÍBLICAS

1. Deus ouve o clamor do povo (Teologia do êxodo)
2. Vós sereis o meu povo e eu serei o vosso Deus (Teologia da aliança)
3. Iniciativa de Deus e corresponsabilidade humana (Teologia da graça)
4. O Senhor está neste lugar e eu não sabia (Teologia da presença)
5. Profetas e profetisas na Bíblia (Teologia profética)
6. O Sentido oblativo da vida (Teologia sacerdotal)
7. Faça de sua casa um lugar de encontro de sábios (Teologia sapiencial)
8. Grava-me como selo sobre teu coração (Teologia bíblica feminista)
9. Teologia rabínica (em preparação)
10. Paulo, apóstolo de Jesus Cristo pela vontade de Deus (Teologia paulina)
11. Compaixão, cruz e esperança (Teologia de Marcos)
12. Lucas e Atos: uma teologia da história (Teologia lucana)
13. Ide e fazei discípulos meus todos os povos (Teologia de Mateus)
14. Teologia joanina (em preparação)
15. Eis que faço novas todas as coisas (Teologia apocalíptica)
16. As origens apócrifas do cristianismo (Teologia apócrifa)
17. Teologia espiritual (em preparação)
18. Teologia da Comunicação (em preparação)

TERCEIRA SÉRIE (em preparação) – BÍBLIA COMO LITERATURA

1. Bíblia e Linguagem: contribuições dos estudos literários
2. Introdução às formas literárias no Primeiro Testamento
3. Introdução às formas literárias no Segundo Testamento
4. Introdução ao estudo das Leis na Bíblia
5. Introdução à análise poética de textos bíblicos
6. Introdução à Exegese patrística na Bíblia
7. Método histórico-crítico
8. Método narrativo na Bíblia
9. Método retórico e outras abordagens

QUARTA SÉRIE – RECURSOS PEDAGÓGICOS

1. O estudo da Bíblia em dinâmicas – Aprofundamento da Visão Global da Bíblia
2. Teologias bíblicas (em preparação)
3. Palavra: forma e sentido (em preparação)
4. Atlas bíblico (em preparação)
5. Mapas e temas bíblicos – Cartazes (em preparação)
6. Metodologia de estudo e pesquisa (em preparação)
7. Pedagogia bíblica (em preparação)
8. Modelo de ajuda (em preparação)

Paulo Sérgio Soares

Introdução ao estudo das Leis na Bíblia

Bíblia como Literatura 4

Dados Internacionais de Catalogação na Publicação (CIP)
(Câmara Brasileira do Livro, SP, Brasil)

Soares, Paulo Sérgio
Introdução ao estudo das Leis na Bíblia / Paulo Sérgio Soares. – 1.
ed. – São Paulo : Paulinas, 2013. – (Coleção bíblia em comunidade. Série
Bíblia como literatura ; v. 4)

ISBN 978-85-356-3619-2

1. Bíblia - Crítica e interpretação 2. Bíblia - Estudo e ensino 3.
Bíblia - História 4. Bíblia - Introduções 5. Israel - História 6. Povo
de Deus - Ensino bíblico I. Título. II. Série.

13-08534 CDD-220.6

Índice para catálogo sistemático:
1. Bíblia : Interpretação e crítica 220.6

Direção-geral: *Bernadete Boff*
Editora responsável: *Maria Goretti de Oliveira*
Copidesque: *Ana Cecilia Mari*
Coordenação de revisão: *Marina Mendonça*
Revisão: *Ruth Mitzuie Kluska*
Gerente de produção: *Felício Calegaro Neto*
Capa e diagramação: *Manuel Rebelato Miramontes*

*Nenhuma parte desta obra poderá ser reproduzida ou transmitida
por qualquer forma e/ou quaisquer meios (eletrônico ou mecânico,
incluindo fotocópia e gravação) ou arquivada em qualquer sistema ou
banco de dados sem permissão escrita da Editora. Direitos reservados.*

SAB – Serviço de Animação Bíblica
Av. Afonso Pena, 2.142 – Bairro Funcionários
30130-007 – Belo Horizonte – MG
Tel.: (31) 3269-3737 – Fax: (31) 3269-3729
e-mail: sab@paulinas.com.br

Paulinas
Rua Dona Inácia Uchoa, 62
04110-020 – São Paulo – SP (Brasil)
Tel.: (11) 2125-3500
Telemarketing e SAC: 0800-7010081
http://www.paulinas.org.br – editora@paulinas.com.br
©Pia Sociedade Filhas de São Paulo – São Paulo, 2013

Sumário

Apresentação 7

Capítulo 1 – As leis no nosso dia a dia 11
    Leis: um terreno pedregoso 11
    Regras, normas e leis são necessárias 12
    Nossas leis, códigos e estatutos civis e sociais 14
    As leis eclesiásticas 15
    Costumes que são como leis 17
    O gênero literário normativo e sua importância
    para a interpretação das Leis na Bíblia 18

Capítulo 2 – Considerações iniciais sobre as Leis na Bíblia .. 22
    O foco do nosso estudo 22
    Torah: a "Constituição" do povo de Deus 25
    As leis surgem das necessidades concretas 32
    Em que sentido a lei é de Deus? 39
    Para que tantas leis? 48

Capítulo 3 – Classificação das leis 59
    Leis com formulação imperativa direta ("apodíticas") 59
    Leis com formulação casuística 64

Capítulo 4 – Os códigos ou conjuntos de Leis
das Escrituras judaicas 67
    As leis do clã ou tribais 67
    Os conjuntos de Leis das Escrituras judaicas 72
    Outros textos normativos do Pentateuco 117

Capítulo 5 – A visão cristã da Torah e suas leis 119
    O legalismo ofuscou a instrução 120

O modo sapiencial do ensino de Jesus
e seu valor normativo 123
Releituras cristãs da Torah 127

Capítulo 6 – Como ler textos normativos 150

Conclusão.. 161

Referências bibliográficas... 164

Apresentação

Tenho a alegria de apresentar o livro *Introdução ao estudo das Leis na Bíblia*, o quarto livro da terceira série "Bíblia como Literatura", da coleção "Bíblia em comunidade". Você deve estar se perguntando: Por que o estudo de Leis na Bíblia, se há tantos outros assuntos interessantes e até mais importantes?! E tem razão, pois ninguém gosta de leis, ainda que não se possa viver sem elas. Entretanto, talvez seja necessário lançar um novo olhar sobre este tema, porque somos "ministros de uma Aliança nova, não da letra, e sim do Espírito, pois a letra mata, mas o Espírito comunica a vida", segundo Paulo, o apóstolo (2Cor 3,6).

Neste livro você encontrará uma exposição clara sobre o estudo de textos legislativos e normativos presentes na Bíblia. Eles são trabalhados em seis pequenos capítulos, que trazem trechos tanto do Primeiro quanto do Segundo Testamento. No primeiro capítulo: "As leis no nosso dia a dia", o autor apresenta uma introdução ao tema das leis como um terreno pedregoso que ninguém gosta de cultivar, por ser árido, difícil; por outro lado, constata que elas são necessárias em todos os âmbitos da vida humana. Grande parte dos escritos bíblicos traz leis e normas, por isso faz-se necessário o estudo específico do gênero legislativo ou normativo para uma compreensão mais assertiva dos textos bíblicos.

O segundo capítulo, "Considerações iniciais sobre as Leis na Bíblia", traz o foco do estudo: as leis de vigência contínua, de orientação para todo o povo de Deus, por um tempo duradouro e segundo uma forma literária própria. De fato, são as leis que regulam a relação entre as pessoas, com os bens e com Deus. A Torah, enquanto instrução, é a Constituição do Povo de Deus. E será visto ainda neste capítulo: o porquê da existência de tantas leis, a diversidade de contextos em que elas nasceram, e em que sentido pode-se dizer que elas são leis de Deus, se em tantas leis se reflete um espírito discriminatório.

Já a classificação das leis corresponde ao terceiro capítulo. Ao ler os textos referentes às leis e normas, você perceberá que a sua formulação é apodítica e casuística. A formulação das leis apodíticas são claras, diretas e imperativas, tanto ao proporem algo como ao fazerem formulações proibitivas, enquanto as leis casuísticas apresentam casos com ou sem variantes e são bastante recorrentes nas Escrituras.

O quarto capítulo é o mais longo e tem por assunto os códigos ou conjuntos de leis das Escrituras, com alguns comentários. Trata das leis do clã ou tribos que foram passadas oralmente, de pai para filho, e que muito tempo depois integraram os blocos literários, como o "Código do Deserto". Você conhecerá ainda alguns critérios para agrupar leis em blocos menores, como os Decálogos (Dez Mandamentos, Cultual, Siquemita), e também em blocos maiores, como o Código da Aliança, Deuteronômico, Sacerdotal ou as Leis da Santidade, Torah de Ezequiel.

No quinto capítulo veremos que a visão cristã da Torah e suas leis e muitos escritos do Segundo Testamento são marcados por uma leitura literalista das Escrituras, a qual ofuscou o verdadeiro sentido da Torah como instrução. O ensinamento de Jesus tem valor normativo para os cristãos, tendo como exigência fundamental o amor a Deus e ao próximo. A pessoa de Jesus, seus ensinamentos tornaram-se o critério para a releitura da Torah, do sábado e da circuncisão. Paulo atribui à Torah de Moisés o valor de pedadogo para nos conduzir à Torah encarnada, à pessoa de Jesus, da forma como é apresentado pelos evangelhos.

O sexto e último capítulo, "Como ler textos normativos", apresenta o lado humanista, o contexto e a mentalidade que estão por detrás dos textos legislativos. O que nos ajuda a considerar a Torah como "instrução" de Deus para vivermos felizes, tendo como chave hermenêutica das Escrituras a prática de Jesus.

Paulo Sérgio Soares, autor deste livro, tem uma longa experiência de trabalho com grupos de estudo e reflexão sobre a Bíblia. Usa uma linguagem simples, acessível e clara na abordagem de temas complexos, como o gênero literário normativo ou legislativo.

Aliás, você já deve ter lido outros livros desse autor publicados na primeira série, "Visão Global da Bíblia", que coloca as bases para uma leitura contextualizada dos escritos bíblicos; e também na segunda série, "Teologias Bíblicas", onde ele escreve sobre Teologia da Graça e Teologia Sacerdotal, que traz dezoito diferentes visões sobre Deus.

Há ainda a terceira série, "Bíblia como Literatura", à qual pertence esta obra, e a quarta série, "Recursos Pedagógicos", cujos livros trazem indicações metodológicas para o aprofundamento das três séries da coleção "Bíblia em Comunidade" e que, ainda, oferecem um rico conteúdo, tendo em vista uma formação humana integral que desenvolva as suas habilidades como multiplicadora da Palavra.

Aposte nesta proposta e você só terá a crescer em prol de um serviço mais qualificado ao Povo de Deus nas diferentes pastorais e, assim, somar em benefício do Reino de Deus. Boa leitura!

Romi Auth
Equipe do SAB

Capítulo 1
As leis no nosso dia a dia

As leis, as normas, são necessárias para a convivência em família, na comunidade e na sociedade humana, mesmo que representem um terreno pedregoso em razão de não agradarem ou, ainda, não serem respeitadas. Na verdade, leis e normas são tão antigas quanto o ser humano. Elas existem em todos os grupos e sociedades humanas. Nas comunidades eclesiais e na própria Bíblia, encontramos igualmente muitas leis, normas e regras que dizem respeito às relações entre as pessoas, com si mesmas, com Deus e com o universo criado.

Leis: um terreno pedregoso

Comparados aos romances, às poesias, às narrativas heroicas, os textos normativos parecem ser os menos atraentes para se ler. É mais gostoso ler um livro de autoajuda ou uma boa biografia do que a Constituição Brasileira... No entanto, devíamos nos interessar mais pelas leis, pois são elas que exatamente balizam a convivência humana, estabelecendo deveres e direitos, a fim de que a sociedade não se torne selvagem, para que não haja uma barbárie total. Mesmo assim, convenhamos que falar de leis, regras e normas sempre é chato, não é? Sempre temos a impressão de que as leis afiguram-se a autoritarismo, cerceiam a nossa liberdade, nos impõem obrigações, criam situações conflitantes, quando parecem ser muito rígidas. Entender de leis, então, é coisa para advogados, juízes e deputados. É um terreno pedregoso, difícil, muitas vezes árido, aparentemente sem beleza. As pessoas comuns preferem ficar nas regras básicas do dia a dia, que não exigem muito esforço de interpretação.

Já que o assunto é chato, antes de começarmos, vai aqui uma anedota sobre os Dez Mandamentos, só para relaxar: "No final do período da catequese paroquial, o padre veio verificar o nível de aprendizado das crianças e ver se todas estariam aptas a fazerem a primeira comunhão. Chegou a vez de um menino muito bagunceiro, que sempre ficava se distraindo durante a catequese. O padre começou perguntando: 'Quais são os Dez Mandamentos?'. E o menino, querendo 'despistar' o padre, pensou um pouco e disse: "Os Dez Mandamentos, na verdade, são nove; a professora disse que ia ensinar oito, mas só conseguiu ensinar sete; eu 'peguei' uns seis, mas entendi mais ou menos uns cinco; ela escreveu quatro no quadro, mas consegui copiar só três, porque tive de ir ao banheiro; quando voltei, ela já tinha apagado o quadro e estava dizendo que importante mesmo eram dois, mas que tudo se resumia em um só'. Então, o padre, admirado com a esperteza do menino, lhe propôs: 'Pois bem, se você me disser em que se resumem todos os dez mandamentos, poderá fazer a sua primeira comunhão'. E ele, gaguejando, disse: 'I-i-i-i-i-isquici, sô padre!'".

Regras, normas e leis são necessárias

Quantas leis existem em nosso país? Quem já leu a Constituição Brasileira inteira? Ao assinar um contrato, lê todas as cláusulas? Mais ainda: Você as entende? Será verdade que a lei é feita para os outros cumprirem, e não para quem as faz? Se alguma norma não estiver escrita, é desnecessário observá-la? Quando adquire um aparelho, você lê todo o manual de instruções de uso? E o termo de garantia? Se mora em apartamento, conhece o regulamento interno do condomínio? Sabe quantas pessoas ou quantos quilos são permitidos no elevador? Entender os sinais de trânsito é necessário só para os motoristas? Sabe quais são os artigos da Declaração Universal dos Direitos Humanos? Já leu o estatuto da associação, caso seja filiado a alguma? E o do partido político em cujos candidatos você vota? Já leu algum documento do Concílio Vaticano II? Como você deve se comportar ou se vestir num tribunal? Sabe quais são os seus direitos de cidadão? E de consumidor? Sabe, também, quais são os seus deveres civis? Quais são, afinal, as "leis do mercado", de que tanto se fala? O que se entende por "lei da selva"? E por "lei do menor esforço"? Qual é a "lei" do tráfico de drogas?

Estas e muitas outras perguntas revelam que na vida não podemos excluir as regras, as normas, as leis. Revelam também que a palavra "lei" tem mais de um sentido, nem sempre aceitável. Fora isso, as leis estão aí, independentemente da nossa vontade, porque não podemos sempre decidir sozinhos sobre o que fazer, como, quando, onde e com quais meios. Elas são necessárias para que a nossa sociedade não se transforme num caos.

Para quase tudo em nossa vida há sempre uma regrinha básica; para muitas coisas há sempre alguma norma a observar, mesmo não escrita, e para outras tantas existem leis discutidas, aprovadas, promulgadas e publicadas por escrito para serem cumpridas. As normas estão por todo canto: na família, na escola, no trabalho, no condomínio, no comércio, nos parques, nas ruas, na igreja, no restaurante, no banco e na fila do ônibus. Até as brincadeiras infantis mais simples têm suas regras. Nos esportes também há regras e até leis e um tribunal próprio. Já pensou no que seria da cidade se não existissem regras, nem leis, e se cada um pudesse fazer o que bem entendesse? Como seria viver num país totalmente sem lei?

Na sociedade civil democrática brasileira as normas são tão essenciais, que existe até uma instituição específica para elas: o Poder Legislativo, composto de vereadores, no nível municipal, de deputados estaduais, no nível estadual, e de deputados federais e senadores, no nível federal. E para aplicá-las e fazê-las valer, existe o Poder Judiciário, formado pelos diversos tribunais e instâncias, com seus juízes, promotores e defensores, nas diversas varas.

Nossas leis, códigos e estatutos civis e sociais

Encontramos normas, na forma de leis ou não, em praticamente tudo na vida de hoje: pode ser um regulamento, um estatuto, uma declaração ou um código. Ou pode ser um grupo de leis que regem um determinado aspecto da vida social, como, por exemplo, as leis do uso do solo urbano. Há leis que têm aplicação delimitada a uma cidade, a um estado ou ao país; outras só valem para um determinado grupo de pessoas, como, por exemplo, o estatuto de uma associação de moradores só se aplica para quem é morador do bairro e filiado à associação. Mas todas elas, em seu âmbito, se aplicam igualmente a todos aqueles aos quais se dirigem. "Todos são iguais perante a lei".

Em termos de diversidade de leis, o que existe hoje em dia no Brasil? Nossas leis são reunidas nos diversos códigos e estatutos. A Constituição Brasileira é o principal código de leis que rege o nosso país enquanto nação e pátria, com sua estrutura de governo, seu povo, sua identidade coletiva. É o estatuto da nação, que a constitui como Estado livre e independente, autônomo, soberano e laical, organizado como uma república federativa de estados. No nível estadual, temos a Constituição do estado; já no nível municipal, temos a Lei Orgânica do município.

O Código Civil trata dos direitos e deveres dos cidadãos comuns. O Código Penal versa sobre as punições dos diversos casos de delitos, crimes e posturas, visando à segurança da sociedade. Já o Código de Trânsito Brasileiro em vigência, de tão completo, dizem que é para países de "Primeiro Mundo". Como exemplo de estatuto, podemos citar o Estatuto da Criança e do Adolescente (ECA), que defende a dignidade daqueles que, muitas vezes, por sua particular situação de idade, podem facilmente ser vítimas de discriminação, exploração e violência. Igualmente o Estatuto do Idoso e o Estatuto das Pessoas com Deficiência. Há também o antigo "Estatuto do Índio", que, diga-se de passagem, precisa de uma séria revisão. Juntamente com o Código de Defesa do Consumidor, estes conjuntos de leis são conquistas importantes dos últimos tempos na sociedade brasileira.

As leis eclesiásticas

Além da Bíblia, que é a principal fonte de onde emanam as regras de vida e de comportamento tanto para os judeus quanto para os cristãos, a Igreja Católica também tem um conjunto de normas que regulam a vida pessoal e comunitária dos seus fiéis, e, ainda, a sua organização como instituição: é o

Código de Direito Canônico, na sigla em latim CIC (*Codex Iuris Canonicis*).

O atual CIC foi promulgado pelo Papa João Paulo II, em 1983, reformando a versão vigente desde 1917. Ele contém 1.752 "cânones" ou normas, em sua maioria com parágrafos ou cláusulas que contemplam casos específicos ou dão mais exatidão à norma a que se refere o cânon. Mas, além dele, são também normativos para toda a Igreja os documentos do Concílio Vaticano II (1962-1965), que reiteram, modificam ou revogam as determinações dos concílios anteriores, como, por exemplo: as Constituições Dogmáticas *Lumen Gentium* e *Gaudium et Spes*,[1] além dos decretos conciliares; os diversos documentos pontifícios, cartas encíclicas, bulas, exortações apostólicas etc. e os documentos das conferências episcopais de cada país, a Conferência Nacional dos Bispos do Brasil (CNBB), que até junho de 2013 já promulgou 98 documentos.

Em cada diocese existem também normas próprias, promulgadas pelo bispo diocesano: diretório pastoral, litúrgico, presbiteral, decretos etc. Também as paróquias costumam ter suas exigências próprias, estabelecidas pelo pároco, nem sempre com o aval do conselho paroquial... Por fim, algum leigo investido, ou não, de liderança também costuma criar regras, às vezes sem fundamento nenhum. São regras, por exemplo, para aceitar crianças a serem batizadas, documentos exigidos, forma de preparação dos pais e padrinhos para o Batismo; regras quanto à catequese de Primeira Eucaristia e de Crisma, quanto à preparação dos noivos para o casamento, o que é permitido ou não na celebração etc. Há algumas paróquias que

---

[1] Respectivamente: "Luz dos Povos" (sobre como a Igreja entende a si mesma) e "Alegrias e Esperanças" (sobre a relação da Igreja com o mundo e a cultura contemporâneos).

têm regras até do que não se pode cantar na igreja, só porque o padre não gosta de certos tipos de músicas.

Costumes que são como leis

A formulação de certas leis às vezes é obscura, de modo que deixam margem a diversas interpretações, abrindo brechas para os casuísmos. Obviamente, nem toda regra é lei no sentido jurídico da palavra. Existem normas aceitas por todos e que não estão escritas em nenhum lugar, a não ser na consciência das pessoas. Numa sessão de cinema, por exemplo, conversar durante o filme incomoda quem está por perto e pode acarretar a retirada forçada da pessoa, mas esta não é uma lei jurídica, e sim uma regra de boa educação aceita tranquilamente por todos naquele ambiente. Respeitar os mais velhos, ser gentil, falar baixo quando alguém está dormindo, respeitar a opinião dos outros, ceder o assento a outra pessoa, ouvir música com fone de ouvido, quando se está em locais e meios de transportes públicos, abaixar-se para apanhar um objeto que alguém deixou cair, esperar a vez na fila, apertar a mão de quem a estendeu para nos cumprimentar, ceder a preferência para outro veículo passar, não cuspir no chão e tantas outras regras de boa convivência são costumes que, de certa forma, se transformaram em verdadeiras leis: as "leis da gentileza".

Existem também as convenções sociais, que costumam estar fixadas até mesmo por escrito, em cartazes, placas ou outro tipo de anúncio: "favor tocar a campainha"; "entre sem bater"; "não pise na grama"; "mantenha a porta fechada"; "ajude a manter limpo este ambiente"; "proibido jogar lixo neste local"; "desligue o celular"; "proibido entrar sem camisa ou com trajes de banho"; "silêncio"...

Às vezes também essas regras de gentileza e de boa educação assumem a forma literária de um pequeno "código de conduta". Muitos desses "códigos" são escritos com criatividade e até com certo humor, constituindo-se em peças de adorno de ambientes, como, por exemplo, o que se vê impresso em quadrinhos com moldura, ilustração, estrategicamente pendurados na parede de alguns banheiros domésticos.

Muitos ditados populares, provérbios, máximas e até piadas são também uma forma não escrita de orientar as pessoas a agirem de determinada forma. Quando alguém diz: "seguro morreu de velho", "quem avisa amigo é" ou "prevenir é melhor que remediar", a intenção é a de alertar para atitudes orientadas pela prudência, precaução ou prevenção. Do ponto de vista literário, porém, essa forma proverbial se apresenta como conselho ou admoestação, e não como norma ou lei.

O gênero literário normativo e sua importância para a interpretação das Leis na Bíblia

Na leitura da Bíblia, os leitores comuns costumam achar mais interessante a poesia dos Salmos, as narrativas sobre as andanças do povo de Deus com Moisés, o heroísmo de Josué, de Rute e Judite, os feitos de Davi e Salomão etc. Sem dúvida, esses textos deixam grandes lições de vida devido aos exemplos de fé, confiança, amor, coragem, superação de seus personagens – ou o contrário, pois, essas pessoas são humanas, cheias de falhas e pecados.

Mas nem sempre a leitura desses textos é tão fácil quanto se imagina: às vezes, eles se revelam complexos, o que dá margem a diferentes interpretações e instiga a novas pesquisas exegéticas. A maior dificuldade se costuma ter na leitura dos livros proféticos, cuja linguagem é enigmática, exigindo maior esforço para a compreensão. Assim, encontramos vários "gêneros literários" na Bíblia: narrativas, sagas de herói, poesia, discursos, orações, hinos, sermões, cartas, apocalipses...[2]

E o que dizer das Leis na Bíblia? Ela é cheia de regras: faça isto, não faça aquilo; tal coisa pode, outra não. É fato que muitas dessas Leis são de difícil compreensão no contexto atual. Mas temos de encará-las porque são parte importante da Bíblia. E não existe nenhum outro livro tão interessado em nos fazer conhecer as regras do bem viver e ser feliz. As Leis na Bíblia têm muito a ver conosco – se não tudo –, ao contrário do que comumente se pensa.

Os textos das leis também seguem um "gênero literário" próprio, o "gênero normativo" ou legislativo, para alguns, que pode ser entendido assim: vimos como são necessárias as regras para o bom andamento da vida em comum. Ora, na medida em que as regras são forjadas e fixadas na vida de uma sociedade, elas vão se constituindo em "corpo jurídico" dessa sociedade, o qual se expressa por meio de estruturas e formas cada vez mais próprias e adequadas de linguagem, tanto oral quanto escrita. Surge, assim, a forma literária que chamamos de "gênero normativo", um padrão de linguagem próprio para as leis, normas, decretos, estatutos etc. As muitas leis contidas na Bíblia formam o "corpo jurídico" bíblico e, como não poderia deixar de ser, seguem esse padrão de linguagem.

---

[2] Para uma visão geral das formas literárias, gêneros literários e métodos de estudo da Bíblia, leia toda a série "A Bíblia como Literatura", da coleção "Bíblia em Comunidade".

Se já é difícil falar das leis de hoje, quanto mais das leis bíblicas, surgidas num contexto e numa época tão distante e com uma linguagem tão diferente da nossa. Portanto, conhecer o gênero normativo bíblico nos ajudará a entender melhor as muitas regras, normas, leis e mandamentos presentes na Sagrada Escritura. Se não levarmos em conta esse gênero literário na interpretação, correremos o risco de absolutizar as leis bíblicas, desviando-as de sua intenção original e de seu objetivo maior e causando grande transtorno para a vida nos dias de hoje.

Em nosso estudo bíblico, precisamos encarar a tarefa de conhecer, compreender e, sobretudo, saber interpretar essas leis, buscando seu sentido para a vida. Afinal, o que nutre o "corpo jurídico" de um povo é todo um conjunto de ideias, concepções e compreensões da vida, que precisam ser descobertas e valorizadas. Sem esse contexto vital, a própria lei fica morta, sem vida. É preciso, pois, compreender as leis bíblicas no contexto e na forma em que foram geradas. É isso que tentaremos fazer, porém, de forma breve, neste estudo do gênero normativo na Bíblia.

Encontramos uma boa motivação para isso na Constituição Dogmática *Dei Verbum* – que se traduz "Palavra de Deus" –, um documento do Concílio Vaticano II que "aborda a relação entre Revelação e Tradição, a centralidade da Palavra de Deus para a vida da Igreja e a importância de conhecê-la e interpretá-la bem".[3] O parágrafo n. 12 dessa constituição dogmática diz:

---

[3] Documento do Vaticano II, *Dei Verbum*, p. 3. Trata-se de um fascículo comemorativo dos cinquenta anos do Concílio Vaticano II, publicado pela Paulus.

Como Deus na Sagrada Escritura falou por meio de homens e à maneira humana, o intérprete da Sagrada Escritura, para saber o que ele quis comunicar-nos, deve investigar com atenção o que os hagiógrafos [*] realmente quiseram significar e aprouve a Deus manifestar por meio das palavras deles. Para descobrir a intenção dos hagiógrafos, deve-se ter em conta, entre outras coisas, também os "gêneros literários". [...] Importa, pois, que o intérprete busque o sentido que o hagiógrafo pretendeu exprimir e de fato exprimiu em determinadas circunstâncias, segundo as condições do seu tempo e da sua cultura, usando os gêneros literários então em voga.[4]

Os gêneros literários são diversos e, ainda que não exista pleno consenso quanto às suas classificações, variações e interdependências,[5] vê-se quão fundamental é o seu conhecimento para uma interpretação mais profunda da Bíblia.

É necessário perceber que os homens e mulheres que se sentiram portadores de uma mensagem divina não só tinham "algo importante a dizer, mas também [lutaram e] se [esforçaram] por formulá-lo bem", como lembra José Luís Sicre[6] a respeito dos profetas. Dito de outro modo, eles se esforçaram não só em transmitir a mensagem, tal qual a captaram, mas também em fazer isso de forma criativa e inteligível a seu povo, ainda que muitas vezes de modo estranho, mas sempre provocante.

---

[4] Documento do Vaticano II, *Dei Verbum*, pp. 13-14; "hagiógrafo", literalmente, escritor sagrado, refere-se a quem redigiu o texto bíblico.

[5] Uma lista só dos gêneros literários possíveis na Bíblia se encontra em: SICRE, José Luís. *Introdução ao Antigo Testamento*. Petrópolis: Vozes, 1995, pp. 73-74, com indicação de bibliografia à p. 75.

[6] Id., 1996, p. 142.

Capítulo 2
Considerações iniciais sobre as Leis na Bíblia

No estudo das leis e normas contidas nos textos bíblicos, serão levadas em conta as que têm vigência contínua, com orientações a serem seguidas por todo o povo nas suas diferentes relações pessoais e interpessoais. Estas leis estão contidas nas três partes da Bíblia hebraica: Torah, Nebiim e Ketuvim, e nasceram ao longo da história do povo em razão das necessidades concretas que foram surgindo nas reuniões de famílias, clãs, tribos ao redor de santuários, nos palácios e no Templo de Jerusalém. Só podemos dizer que as leis são de Deus, quando geram vida, liberdade, convivência pacífica e felicidade para todos. Algumas leis retratam determinadas épocas, enquanto outras evoluíram, foram se modificando ao longo do tempo.

O importante mesmo é descobrir em cada lei o sentido da vida e para a vida que está aí embutido.

O foco do nosso estudo

Os numerosos textos bíblicos que transmitem uma ordem, uma norma, um mandamento, um preceito, uma lei, ou que querem incutir uma determinada atitude como regra de vida, não o fazem sempre da mesma forma. Conhecemos muitas leis formuladas de modo curto e direto, como, por exemplo, "guardarás o dia de sábado", "honra teu pai e tua mãe", "não matarás" (Dt 5,12.16.17); "escuta, Israel: o Senhor, nosso Deus, é o único Senhor", "amarás o Senhor, teu Deus, com todo o teu coração", "que estas palavras que hoje te ordeno estejam em teu coração" (Dt 6,4-6) etc. Essas formas verbais não deixam dúvida de que estamos diante de uma lei no sentido próprio, cuja vigência é duradoura.[1] Mas nem toda ordem é uma lei, mesmo que dada por uma autoridade legalmente constituída, porque pode visar apenas a uma ação específica e momentânea que, uma vez executada, realiza o objetivo da ordem dada, não se estabelecendo uma vigência contínua.

Assim, a ordem de Deus a Moisés: "vai e dize-lhes: 'voltai às vossas tendas!'" (Dt 5,30) não é uma lei nem uma regra perene, mas apenas uma ordem momentânea, circunstancial. Há também ordens que, apesar de terem vigência contínua, na verdade, são conselhos ou exortações e não "leis" no sentido próprio. Por exemplo: "Quando o Senhor teu Deus te introduzir na terra [...], fica atento a ti mesmo! Não te esqueças do Senhor, que te fez sair da terra do Egito [...]!" (Dt 6,10.11.12). A necessidade da contínua atenção ao que disse o Senhor é que dá a essa exortação "força de lei", levando o israelita a entendê-la como uma "lei perene".

Da mesma forma, os conselhos passados em forma de provérbios, como orientações que ensinam atitudes a serem tomadas ao longo da vida, através da formação da consciência, são também normativos, no sentido mais amplo. Por exemplo, o provérbio "quem faz caridade ao pobre empresta a Deus" (Pr 19,17a) poderia ser dito com o verbo no imperativo: "faze

---

[1] No hebraico, tanto a forma futura quanto a forma subjuntiva do verbo têm valor imperativo.

a caridade ao pobre, pois assim estarás emprestando a Deus". A forma imperativa do verbo daria a este provérbio a forma literária de uma "lei", no sentido verdadeiro e próprio, embora o seu contexto ainda fosse o de uma exortação ou conselho.

Em ambas as formas, o objetivo é sempre o de dizer que a pessoa precisa fazer caridade ao pobre, mas a primeira forma, proverbial, é mais agradável que a segunda, imperativa, e, por isso, mais apropriada para a instrução, já que ninguém faz caridade por uma imposição legal, mas sim por uma escolha interior de fazer o bem ao próximo. A comparação a seguir ajuda a termos um melhor entendimento do que isso quer dizer: tanto o Código de Trânsito Brasileiro quanto o regulamento do condomínio de um prédio residencial, o Estatuto da Sociedade de São Vicente de Paulo ou as regras de comportamento numa escola são normativos. Mas entre eles há diferenças no conteúdo, na formulação, no alcance social e nos destinatários. O que têm em comum é que estabelecem regras a serem seguidas, interferindo no agir das pessoas tanto no tempo quanto no espaço.

Diante disso, é necessário definir bem o foco do que vamos abordar como "gênero normativo" na Bíblia: para efeito do nosso estudo, consideraremos como tal somente aquelas ordens que têm vigência contínua, estabelecendo parâmetros a serem seguidos por todo o povo de Deus e por um tempo duradouro, fazendo isso segundo uma forma literária própria. Ou seja: estudaremos as ordens formuladas como "leis" no sentido estrito, que visam a regulamentar de modo contínuo as relações das pessoas entre si, com as coisas e com Deus.[2] A

---

[2] Neste estudo, especialmente nos capítulos 3 e 4, baseamos nosso trabalho em José Luís Sicre (1995). No final, encontra-se uma bibliografia básica sobre esse tema.

maior parte dessas leis está concentrada nos cinco primeiros livros da Bíblia, o Pentateuco, onde elas ocupam mais de um terço desse conjunto de textos. Por isso, nosso estudo se concentrou mais nesse bloco, de onde extraímos a quase totalidade dos exemplos. Mas encontramos leis também em outros escritos bíblicos, como em Ez 40–48 (a nova legislação para o novo Israel) e, em certo sentido, em Mt 5–7, no "Sermão da Montanha", e em Jo 13,34 (o novo mandamento do amor mútuo), entre outros.

O texto de Ezequiel será abordado de forma brevíssima neste estudo, enquanto os do Segundo Testamento ou, como preferimos intitular aqui, das "Escrituras Cristãs", embora não estejam no foco deste estudo, terão um capítulo à parte no final. Colocado o nosso destaque nos textos explicitamente normativos, faz-se necessário primeiro compreender este conceito fundamental do judaísmo: a Torah.[3] É o que veremos na próxima seção.

Torah: a "Constituição" do povo de Deus

Do ponto de vista literário, a Torah coincide com o nosso Pentateuco, onde já sabemos que se concentra a maior parte das leis bíblicas. Mas ela não contém apenas leis. Aí temos também muitas narrativas historiográficas, que põem as bases da história de Israel inserida na própria história da humanidade. A maior parte desse material serve de introdução,

---

[3] Adotamos neste livro a grafia transliterada do hebraico, mesmo que já seja usual a forma aportuguesada "Torah", para acentuar um significado mais amplo do que "lei", no sentido literal, como geralmente se entende. De fato, os livros que compõem a Torah incluem textos que não são do gênero literário normativo, ampliando o conceito de "norma" (ver também a próxima nota).

justificativa, esclarecimento, exemplificação ou conclusão para uma determinada lei ou para todo um conjunto de leis. Por exemplo: praticamente todos os cinquenta capítulos do Gênesis são narrativos, não se encontrando aí nenhuma lei no sentido específico. Mas algumas dessas narrativas parecem exercer a função de justificar certos códigos de posturas intertribais, como, por exemplo, a lei da vingança do sangue, ilustrada na narrativa de Caim e Abel (Gn 4), e a da vingança da honra, ilustrada no drama do estupro de Dina (Gn 34). Há também textos poéticos, como o poema da criação (Gn 1), o cântico de Moisés (Ex 15) etc. Já o Êxodo é narrativo até o capítulo 19, sendo que os 21 capítulos restantes são normativos, mas com a inserção de algumas breves narrativas que servem para introduzir, concluir ou explicar a necessidade de um determinado conjunto de normas, como, por exemplo: o capítulo 19 introduz o Decálogo, que é concluído pela narrativa de 20,18-21. Já este versículo 21 abre o Código da Aliança, que se fecha com a narrativa de 24,1-11.

Essas diferentes formas literárias de apresentar a palavra divina, com a riqueza dos diversos gêneros literários – narrativas, discursos, exortações, leis, poemas, orações etc. –, demonstram que a Torah não se limita ao que entendemos por "lei", no sentido estrito. A tradição sapiencial cuidou de explicitar o aspecto ético e moral da Torah como "instrução", "ensinamento", e aí, sim, como regras de conduta, normas de vida.[4]

Nesse sentido, tanto é "instrução" a lei na forma jurídica quanto uma narrativa, um conto, um provérbio ou uma poesia. Na hierarquia dos livros sagrados do judaísmo, a Torah ocupa

---

[4] Ver o verbete "Ley" na *Enciclopedia de la Biblia* (pp. 113-114), que entende a Torah como "Manual del hacedor" ("Manual do fazedor").

o centro e o ápice da revelação divina. Os livros proféticos – os Nebiim – giram em torno dela, embora num nível mais abaixo, pois os profetas partem dela, interpretando-a na história de Israel e conclamando à sua observância. E os demais escritos – os Ketuvim – situam-se num círculo mais periférico, como que ilustrando a vivência cotidiana da fé, centrada na Aliança, com narrativas exemplares – nem sempre piedosas, diga-se de passagem. Torah, Nebiim e Ketuvim formam, pois, as Escrituras judaicas, a Bíblia hebraica.[5]

O material normativo concentrado na Torah, somado aos demais textos que compõem a "instrução", faz dela uma espécie de "Constituição" do povo de Deus, pois é ela que confere a Israel uma identidade própria como povo no meio de outros povos (ler Dt 29,9-14).

Nenhuma sociedade vive sem leis, sem regras de convivência, baseadas num pacto legal aceito por todos. Por isso, é exatamente nos inícios da formação de Israel como povo de Deus que surgem as normas que vão reger as suas relações com Deus e entre os membros desse povo. Tão importante quanto narrar os percalços históricos que levaram Israel a constituir-se como povo, a partir de Abraão, é dar-lhe o "corpo jurídico" que embasa a sua organização enquanto sociedade constituída entre os demais povos e nações. Israel tornou-se uma nação com leis próprias, cujo objetivo primeiro é garantir a liberdade e a sobrevivência, na justiça e na paz, das pessoas que o constituem. Por isso, mesmo contendo muito material não legislativo, mas sempre instrutivos para as práticas sociais

---

[5] Transliterado *TaNaK*, das iniciais das três palavras hebraicas.

desejáveis, a Torah se tornou "a Lei", por excelência, a nortear toda a vida do povo de Deus.[6]

Torah: Lei e instrução

A palavra hebraica "torah" foi traduzida na Bíblia dos Setenta pelo termo grego "nómon", que significa lei, norma, ordem.[7] Isso acabou criando problemas para a nossa correta compreensão do significado e do alcance desse conceito no judaísmo. A primeira dificuldade é a redução de um rico conjunto de textos, com seus diversos gêneros literários, ao aspecto apenas legal: a Torah judaica é entendida como sendo "a Lei de Deus" ou "a Lei de Moisés", "a Lei dos judeus" ou, simplesmente, "a Lei" ou "Moisés".[8] Para ilustrar esse processo, apresentamos a seguir o texto hebraico e a transcrição de uma parte do versículo 1 e o versículo 2 do Salmo 1, fazendo o mesmo para sua tradução em grego e depois em português (nas transcrições, o termo "torah" e seus correspondentes em grego e em português):

---

[6] A compreensão da Torah como "Lei" e "instrução" será aprofundada no capítulo 5.
[7] Esse termo grego está presente em várias palavras portuguesas como economia, astronomia, ergonomia, isonomia, ecônomo, econômico, astrônomo, astronômico etc.
[8] Esses termos se encontram em: Mt 5,17; 19,7-8; Lc 2,23.24; 24,44.45; Jo 8,5; 18,31; 19,7; At 25,8; Rm 7,6 etc.

Hebraico[9]	Transliteração
אַשְׁרֵי־הָאִישׁ אֲשֶׁר לֹא הָלַךְ בַּעֲצַת רְשָׁעִים	Ashrei-ha'ish asher lo halak ba'atzat resha'im
[...]	[...]
כִּי אִם בְּתוֹרַת יהוה חֶפְצוֹ	Ki im betorat yhwh heftzo
וּבְתוֹרָתוֹ יֶהְגֶּה יוֹמָם וָלָיְלָה	Ubetorato ieghegheh iomam valailah
Grego[10]	**Transliteração**
Μακάριος ἀνήρ, ὃς οὐκ ἐπορεύθη ἐν βουλῇ ἀσεβῶν	Makários anér, hós ouk eporeúthe en boulê asebôn
[...]	[...]
ἀλλ' ἢ ἐν τῷ νόμῳ κυρίου τὸ θέλημα αὐτοῦ	all' ê en tô nómo kyríou tó thélema autoû
καὶ ἐν τῷ νόμῳ αὐτοῦ μελετήσει ἡμέρας καὶ νυκτός	Kaì en tô nómo autoû meletései heméras kaì nuktós.

Fazendo a tradução para o português:[11] "Feliz o homem que não vai ao conselho dos ímpios [...] Pelo contrário: seu prazer está na lei do Senhor, E medita sua lei, dia e noite".

As palavras lei, norma, regra, ordenamento etc. não traduzem com exatidão o significado da Torah: mais que norma ou lei no sentido jurídico, ela significa "instrução de vida",

---

[9] Segundo a *Bíblia Hebraica Stuttgartensia*, p. 1.087.
[10] Segundo a Septuaginta, p. 1.187.
[11] Segundo a *Bíblia de Jerusalém*, p. 948.

"ensinamento". Dt 6,1-2 esclarece tal conceito: logo após a apresentação dos "Dez Mandamentos", explana que eles são o "que o Senhor vosso Deus ordenou ensinar-vos, para que os coloqueis em prática [...] e assim temas ao Senhor teu Deus" (ler também Pr 1,2-7).

Para o judaísmo, a Torah é a "instrução", o ensinamento de Deus para a vida, para que o povo consiga viver bem e tire o máximo proveito da vida, sem estragá-la e sem prejudicar a si próprio. Nesse sentido, é um dom de Deus a Israel, garantindo a liberdade e a terra, as condições para a felicidade, o bem-estar. Não é uma imposição de Deus nem cerceamento da liberdade humana, mesmo que muitos preceitos comecem com um sonoro "não".

Um profissional instrui o aprendiz que quer entrar para o seu ramo; o técnico de futebol instrui os atletas tanto sobre a forma de jogar quanto sobre a disciplina em campo; o sargento instrui os recrutas sobre como devem agir num exercício na selva; a mãe instrui a filha a cuidar de um bebê recém-nascido. Essas instruções são tanto orais quanto escritas.

Um bom exemplo destas últimas é o "manual de instruções" que sempre acompanha os aparelhos eletroeletrônicos. Ele é necessário para a montagem e o manuseio perfeito e adequado do aparelho, aproveitando ao máximo os recursos e potencialidades oferecidos. Quem não segue as instruções do manual poderá não usufruir satisfatoriamente do aparelho, ou até mesmo danificá-lo ou causar acidentes a si próprio, sempre resultando em prejuízo e dor de cabeça.

Por isso, é preciso descobrir o sentido de vida e para a vida que está embutido nas palavras da lei. Ficar apenas na letra da lei é como ler o manual, mas não ter o aparelho: a pessoa não vai desfrutar do prazer de um moderno televisor de tela plana com função 3D, por exemplo. É preciso ler o manual de instruções e ir "mexendo" no aparelho, confirmando suas funções, explorando suas possibilidades. O manual também tira dúvidas e resolve alguns problemas. Do mesmo modo, as leis da Bíblia nos levam a "mexer" na vida, a tocá-la, a verificar se aquelas funções estão mesmo funcionando. O importante não é a norma em si, mas o "funcionamento" da vida. Se a vida não está "funcionando", tem-se que checar o manual para ver onde pode estar o problema.

Já deu para perceber que o corpo normativo bíblico é um campo bastante difícil de se atravessar. Situando-nos mais especificamente no Pentateuco, encontra-se aí um complexo emaranhado de problemas literários, que vão desde repetições de certas leis ou mesmo de códigos inteiros, introduzindo modificações, como acontece com o Decálogo,[12] passando pela mistura de leis com narrações, como, por exemplo, Ex 20–34, ou com exortações, como, por exemplo, Dt 13,1.18-19, como já aludimos antes. Há ainda a mudança brusca de assunto, colocando juntos preceitos cujos conteúdos não têm relação necessária entre si (por exemplo: Ex 22,15-30, em que cada versículo trata de um assunto diferente). Para atravessar um campo de estudo tão complicado assim, precisamos iniciar entendendo o porquê de tantas leis: como e onde elas surgem e por que se multiplicam. É o que faremos na próxima seção.

---

[12] Comparar Ex 20,1-17 e Dt 5,6-21.

As leis surgem das necessidades concretas

Muitas pessoas ainda pensam que a Bíblia "caiu pronta do céu". E que as leis que ela contém vieram todas "de cima", já tratando de situações que só seriam vividas séculos depois de sua promulgação – afinal, Deus sabe de todas as coisas e teria antecipado, em revelação, o futuro para seu povo. Desse modo, pensa-se que as leis bíblicas não teriam relação direta com os contextos de cada época, com a história e a caminhada do povo, mas seriam "supra-históricas", "sobrenaturais". Tal descontextualização histórica das leis e de toda a Bíblia é fruto de uma concepção mágica da revelação, em que Deus repassaria, de forma sobrenatural, seus conteúdos aos humanos – de fora da história e do mundo, de fora da realidade, e não dentro dela nem por meio dela. É preciso romper com essa concepção mágica, sobretudo em se tratando das Leis na Bíblia.

Tenhamos presente que em qualquer grupo ou povo toda lei surge das necessidades concretas que se apresentam para as pessoas e a coletividade. Não nasce de mentes iluminadas de intelectuais que levantam hipóteses teóricas. Um exemplo atual ajuda a entender esta ideia: os constantes casos de abandono, maus-tratos, exploração da força de trabalho e abuso sexual de crianças e adolescentes levaram a sociedade brasileira a criar leis que tratam desses assuntos, visando defendê-los destas e de outras atitudes que violem sua integridade física, mental e psicológica. Depois de muitos debates e revisões, estas leis foram, então, reunidas no Estatuto da Criança e do Adolescente, sancionado em 1990.

Devemos supor que na Bíblia as leis surgiram pelo mesmo processo. Elas não caíram prontas do céu. Sabe-se que várias normas apresentadas como originadas no tempo de Moisés tratam de assuntos e de situações que claramente seriam impensáveis de surgir quando ele ainda perambulava com o povo pelo deserto. Ilustremos isso com dois exemplos: primeiro, em Dt 22,8, temos uma lei que dispõe sobre a indenização da família de uma vítima que caísse do terraço de uma casa. Será que Moisés, membro de um povo nômade que morava em tendas, estaria já preocupado com os riscos advindos dos terraços desprotegidos das casas, que só depois – e muito tempo depois! – os israelitas iriam construir? Pode ter acontecido o seguinte: alguém, ao cair do terraço de uma casa, morreu. A família da vítima, não tendo aceitado as desculpas do proprietário, que afirmava não ter tido culpa no acidente, acabou adquirindo o direito de vingar o sangue do morto, matando também alguém da família do proprietário, conforme o código tribal. O proprietário da casa, indignado, sentiu-se aviltado em sua dignidade e recorreu ao juiz local para reclamar sua inocência e o direito de vingar, ele também, o sangue de seu familiar. Mas, não tendo como provar sua versão do caso, acabou tendo de aceitar a perda de seu familiar como compensação para a família da vítima.

O caso, então, virou notícia na cidade e correu pela vizinhança. Tomou-se conhecimento, depois disso, de outros casos parecidos, que ficaram sem solução. Surgiu, então, a necessidade de se legislar sobre a segurança nas construções urbanas, e a solução foi exigir a colocação de proteção no terraço das casas, construindo-se uma mureta ou, pelo menos, um parapeito. Dessa forma, o proprietário ficaria isento de culpa, no caso de um acidente.

Mas, enquanto nômades, os israelitas viviam em tendas, não tinham casas de pedra ou alvenaria, então, não havia preocupação nem necessidade de tal exigência.

Em Dt 17,14-20, temos um segundo exemplo ilustrativo, pois aí se fala de leis relativas ao rei, mas Israel só teve o primeiro rei uns duzentos anos depois da experiência do êxodo. Então, isso é algo que não deveria passar pela cabeça de Moisés nem dos outros que tinham acabado de escapar de um regime monárquico opressor e assassino! Estaria Moisés já legislando para uma situação tão distante no tempo? Estas e todas as outras leis na Torah são atribuídas à revelação de Deus a Moisés, durante a caminhada pelo deserto. Como explicar isso?

Uma explicação ingênua seria que Deus, sendo onisciente, já teria antecipado para Moisés coisas que só aconteceriam bem mais tarde. Mas, para a hermenêutica histórico-crítica, a revelação de Deus não é imediata e, sim, mediada pelos fatos históricos e pela leitura que a comunidade de fé faz deles. O mais plausível, portanto, é que essas leis, mesmo tendo origem em épocas bem posteriores ao período mosaico, foram acrescentadas a esse período, de forma que todas figurassem entre as leis "reveladas por Deus", constituindo-se literariamente num único "corpo jurídico", cuja autoridade é garantida pela chancela de Moisés, o legislador por excelência. Tudo foi reunido para se ter um conjunto de leis o mais abrangente possível, como a Constituição de um país, hoje em dia.

Mas, quando se apresenta uma situação que exige a formulação de uma lei, onde esta lei é forjada? Quem a elabora e a estabelece? Este será o tema da próxima seção.

Onde surgiram as leis bíblicas?

Nas sociedades democráticas de hoje, as leis só têm legitimidade quando emanadas pelo Poder Legislativo e sancionadas pelo Poder Executivo (no caso do Brasil, pelo Presidente da República). O Poder Judiciário não formula nem aprova leis, apenas as aplica e faz com que sejam cumpridas através das sentenças nos tribunais de justiça e, eventualmente, julga sobre a constitucionalidade ou não de alguma delas. Mas, na Bíblia, as leis não surgiram sempre de um único centro de poder. Existem quatro lugares ou ambientes onde surgiram e foram forjadas as leis bíblicas.

a) A família, o clã e a tribo

Há normas de convivência que tiveram origem no ambiente familiar, no clã ou na tribo, e ganharam "força de lei" dentro desses respectivos círculos de abrangência. São os costumes e as tradições que, com o tempo, se tornaram um "direito consuetudinário". A abrangência dessas leis foi se tornando cada vez mais ampla, na medida em que os clãs se uniam, formando tribos, e elas iam formando o que veio a ser a nação, o povo de Israel. Muitas vezes esses grupos também copiaram normas de clãs ou tribos vizinhos, aplicando entre si a solução encontrada ou as práticas jurídicas já adotadas pela vizinhança, gerando uma "jurisprudência" que, pouco a pouco, se firmou e virou lei.

São exemplos de leis originadas em grupos familiares, clãs ou tribos: honrar pai e mãe, a proibição do incesto, o dever da hospitalidade, a lei da vingança do sangue ou da honra etc. Houve clãs muito fechados – por exemplo, que não admitiam casamentos mútuos com outros – cujas leis próprias permaneciam rígidas e inalteradas por longos períodos de tempo.

Os textos referentes a essas normas serão apresentados melhor no quarto capítulo deste livro, mas, só a título de ilustração, pode-se ler agora Gn 18,1-8: Abraão insiste em dar hospedagem aos três peregrinos que passam perto de sua tenda em Mambré, porque a hospitalidade é um dever sagrado para ele e não aceitá-la seria um insulto imperdoável.

b) Os santuários

É fácil perceber porque os santuários locais também eram lugares de onde se originaram certas leis. Primeiramente, por causa da facilidade de intercâmbio de casos proporcionada pela reunião, num único lugar, de pessoas provenientes de diversas regiões. Isso favorecia, sem dúvida, a prática da jurisprudência e a busca de soluções conjuntas para novos problemas, antes desconhecidos. Samuel, por exemplo, atuou como juiz em várias cidades onde havia um santuário e na sua própria casa, em Ramá, onde "edificou um altar ao Senhor" (1Sm 7,15-17). Mas também porque o culto exigia uma legislação própria, como as questões dos sacrifícios, das oferendas, dos tributos e dízimos, do acesso aos santuários, das pessoas ligadas ao culto, do zelo pelas coisas santas etc. Desse modo, os sacerdotes pouco a pouco também se tornaram legisladores, e não só no campo cultual, mas também em outras áreas do cotidiano das pessoas, como os casamentos, as relações sexuais, a alimentação, as doenças, o relacionamento com os estrangeiros etc.

Havia santuários em várias localidades de Israel: Guilgal, Silo, Betel, Siquém, Dan, Ramá etc. Antes da centralização do culto no santuário real de Jerusalém, o majestoso Templo construído por Salomão, todos esses locais de culto tinham reconhecidos sua legitimidade e sua função normativa para o povo. Depois, perderam espaço e importância, até se tornarem desautorizados perante o Templo de Jerusalém, que se tornou um lugar à parte para a elaboração de leis, como veremos mais à frente. Um exemplo de leis originadas em santuários se encontra em Lv 27. Basta perceber a centralidade que tem o sacerdote nesses casos de cumprimentos de votos e como são estabelecidas as taxas, suas equivalências e os dízimos aí tratados. Isso para averiguar em que ambiente essas leis surgiram e onde eram aplicadas e eventualmente esclarecidas, se é que se davam explicações a respeito.

c) A corte palaciana

Com o surgimento de um poder central em Israel, na figura do rei, a função legislativa igualmente se concentrou não apenas no monarca, mas também num restrito círculo de pessoas muito ligadas a ele: a corte palaciana. Com Davi (cerca de 1010 a 970 a.E.C.), as bases do estado monárquico de Israel foram colocadas, com uma estrutura mínima para garantir sua existência como estado, marcadamente para administrar a justiça, "como acontece em todas as nações" (1Sm 8,5). No período tribal a função de julgar era exercida por um "juiz", um líder carismático, quase sempre um guerreiro, reconhecido pelo povo, que assumia temporariamente o papel de chefiar as tribos, sobretudo nos tempos de guerra com os povos vizinhos.[13] Já nos tempos de paz, tal "juiz" não exercia cargo de comando, mas administrava os conflitos internos, atendendo às demandas das pessoas, como era o caso de Débora, juíza e profetisa (Jz 4,4-5). A partir da monarquia, porém, essa função passou a ser exclusiva do rei. Competia a ele, por dever de ofício, administrar a justiça.[14]

O texto de 2Cr 19,4-11 atribui ao rei Josafá de Judá (870-848 a.E.C.) a estruturação da justiça de estado, em todo

---

[13] Cf. Jz. 2,16.18; 3,9.10.15; 6,14.
[14] Cf. 1Sm 15,1-4; 1Rs 3,16-28; 2Rs 8,4-6; Sl 72.

o país, estabelecendo os tribunais e os respectivos juízes nas principais cidades do reino de Judá, com a recomendação de que "em suas sentenças temam a Deus, que não aceita injustiça, favoritismo ou suborno" (v. 7). Neste contexto, a corte de Jerusalém passou a emanar leis, especialmente no campo civil e militar. Mas o que mais ocupava as mentes dos legisladores da corte, sem dúvida, devia ser a sustentação econômica do estado (e deles próprios, é claro): os impostos e tributos que o povo deveria pagar. Nisso eles deviam ser especialistas. Aí se tem de destacar a pessoa do próprio rei, que muitas vezes é quem baixava leis, decretos, ordens e decisões. Como exemplo de leis originadas na corte real, podemos citar: 1Sm 8,10-17.

d) O Templo de Jerusalém, santuário nacional

Lugar de destaque entre as instituições israelitas que contribuíram para o surgimento de leis na Bíblia ocupa, sem dúvida, o Templo de Jerusalém. Como vimos, era normal os sacerdotes não só legislarem no âmbito cultual, mas também exercerem o papel de juízes em certos casos da vida familiar e social; inclusive em aspectos da economia local, uma vez que os sacrifícios, as ofertas e os dízimos estavam visceralmente vinculados à produção, tanto da terra quanto do gado e da indústria caseira. A partir da reforma impetrada pelo rei Josias (640-609 a.E.C.), o templo da capital se tornou o único lugar autorizado para se prestar culto a Deus em Israel.

Na medida em que crescia seu prestígio, foi crescendo também a importância da função jurídica dos sacerdotes que aí ministravam, principalmente do sumo sacerdote. Era natural, portanto, que eles passassem a legislar de forma sistemática também sobre assuntos à primeira vista fora de sua alçada, como a questão de animais comestíveis, enfermidades da pele, matrimônios lícitos e ilícitos etc. De fato, esses assuntos passaram a ter relação com o culto, quando foram estabelecidas as normas de "pureza ritual", pelas quais os israelitas podiam ou não ter acesso ao templo e ao culto, conforme as situações em que se encontravam.

Partindo do princípio da santidade de Deus, somente os "puros" poderiam aproximar-se dele. Daí nasceram todos os rituais de purificação para que o povo e, principalmente, os sacerdotes tivessem sua vida religiosa "em dia", e não se apresentassem ao Senhor sem estarem devidamente "dignos". Para organizar tais rituais, fazer com que fossem observados e para incutir no povo a nova mentalidade de um único lugar de culto, surgiram muitas leis no ambiente do templo. Um exemplo está em Dt 12,1-27.

Em que sentido a lei é de Deus?

Como "Constituição" de Israel, no sentido jurídico da palavra, a Torah reúne, num único "corpo jurídico", leis surgidas em épocas diferentes.

A esta altura você deve estar se perguntando: Se as leis bíblicas surgiram das necessidades da vida humana, foram estabelecidas por pessoas de carne e osso como nós – chefes de família, do clã ou tribais, sacerdotes, funcionários da corte palaciana ou o rei –, e em lugares bem concretos onde essas pessoas exerciam poder de decisão, em que sentido se diz que elas são "leis de Deus"?

Certamente você já leu na Bíblia que Deus ditou, para Moisés, as suas leis no livro do Êxodo[15] e que Deus até escreveu algumas delas nas tábuas de pedra.[16] Como entender, então, esses textos? O método histórico-crítico que adotamos nos pede evitar sempre a interpretação "ao pé da letra", literal ou fundamentalista.

O que dissemos nas seções anteriores coloca em questão exatamente o que significa esse "de Deus". Infelizmente, séculos e séculos de interpretação literal da Bíblia, tomando-a como descrição fiel de fatos históricos ou mesmo como "Palavra de Deus", à qual não se pode questionar, fizeram-nos ficar na superfície do texto, sem conhecer o seu conteúdo mais profundo. Numa comparação de Carlos Mesters, é como ganhar um presente e ficar parado no papel de embrulho, achando que é isso que a pessoa quis dar, deixando de lado o presente mesmo. O papel de embrulho nem sempre é tão bonito (há brincadeiras de "amigo oculto" em que presentes caros costumam vir embrulhados em papel muito simples, para não chamar a atenção); mas, ainda que o embrulho seja muito chique, o que interessa mesmo é o presente que ele esconde. Com a Bíblia acontece assim também: a "Palavra de Deus" vem "embrulhada" na linguagem humana. Nem sempre esse "embrulho" é bonito ou chique (há textos que nos causam incômodo, senão repulsa mesmo...), mas, muitas vezes, encontramos aí peças literárias de rara beleza e de muita criatividade e perspicácia, que exploram os vários recursos da linguagem.

O melhor exemplo para compreendermos essa questão são os salmos: mais do que qualquer outro texto, eles são

---

[15] Cf. Ex 20,1.22; 21,1; 24,4.
[16] Cf. Ex 24,12; 31,18; Dt 5,22.

vozes humanas que se dirigem a Deus para agradecer-lhe, louvá-lo, suplicar seu perdão, celebrar sua misericórdia, implorar seu auxílio e socorro, pedir sua proteção, manifestar sua confiança, cantar suas maravilhas, defendê-lo diante dos descrentes, bendizer sua palavra, clamar por sua justiça. Exprimem, pois, a situação existencial do momento em que se encontra o salmista: alegre, arrependido, aflito, fragilizado, deprimido, feliz, apaixonado, indignado, admirado, injustiçado, perseguido... Até mesmo quando enfurecido, "cuspindo ódio", o salmista derramava diante de Deus esse sentimento, xingando e rogando praga, como que fazendo um desabafo diante das violências sofridas. São os tais "salmos imprecatórios".

Só a título de exemplo, veja-se o Sl 139: até o versículo 18 tudo corre muito bem. O salmista está encantado com a obra-prima do Criador: o ser humano. Ele mesmo sente-se "uma maravilha" (vv. 13-14) Canta os mistérios de Deus que superam todo conhecimento humano. Bom demais! De repente, porém, o sujeito destila todo o seu veneno contra o ímpio, aqueles que ele considera sanguinários, irônicos, inimigos de Deus. Diz que os odeia "com ódio implacável" e que gostaria que Deus simplesmente os matasse (vv. 19-22).

Ao lermos essa parte do salmo, provavelmente nos perguntaremos: Estamos diante de uma palavra de Deus ou de uma palavra humana? Como entender que esse salmo inteiro, e não só a parte agradável, é "Palavra de Deus"? Por outro lado, será que Deus estaria incitando ao ódio, à violência, à vingança? Então, fica claro que temos de contextualizar as palavras escritas na Bíblia. Elas exprimem realidades humanas (o "papel de embrulho"), dentro das quais temos de achar a mensagem divina (o verdadeiro conteúdo, este, sim, acolhido como presente, dom de Deus para nós).

Ao decidir se comunicar e nos falar através da linguagem humana, Deus aceitou correr os riscos que essa linguagem comporta: ser incompreendida, distorcida, manipulada, esquecida e até nem chegar a ser ouvida... A *Dei Verbum* exprime assim esse grande ensinamento do mistério da encarnação do Filho: "Com efeito, as palavras de Deus, expressas em línguas humanas, tornaram-se intimamente semelhantes à linguagem humana, como já o Verbo do Eterno Pai, tomando a fraqueza da carne humana, se tornou semelhante aos homens".[17]

"A Palavra [de Deus] se fez carne [palavra humana] e habitou entre nós" (Jo 1,14). Ao se encarnar, o Verbo, a Palavra de Deus assumiu esse risco: "a luz brilha nas trevas, mas as trevas não a apreenderam [...] o mundo foi feito por meio dele, mas o mundo não o reconheceu. Veio para o que era seu e os seus não o receberam" (Jo 1,5.10-11). Na paixão tentaram silenciar essa voz, mas na ressurreição ela ecoou plena e vitoriosa, pois, como já refletia o Segundo Isaías, cinco séculos antes de Cristo nascer,

> como a chuva e a neve, descem do céu e para lá não voltam, sem terem regado a terra, tornando-a fecunda e fazendo-a germinar, dando semente ao semeador e pão ao que come, tal ocorre com a palavra que sai da minha boca: ela não torna a mim sem fruto; antes, ela cumpre a minha vontade e assegura o êxito da missão para a qual a enviei (Is 55,10-11).

---

[17] Documento do Vaticano II, *Dei Verbum*, pp. 14-15.

Leis boas

É preciso admitir criticamente que as leis bíblicas, ainda que tenham seu fundamento último em Deus, não "caíram prontas do céu". Elas surgiram de necessidades específicas da vida das pessoas, em momentos específicos da história; foram instituídas e adotadas por grupos humanos. Tal como estão escritas, elas são o "papel de embrulho" do presente. Não podemos interpretá-las de forma superficial, literal, e sim ir além, aprofundar-se, para descobrir o presente precioso que carregam dentro de si: vida, liberdade, felicidade, através da boa convivência, da justiça e da paz. São esses os dons de Deus para todos, e é nesse sentido que podemos dizer que elas são "leis de Deus".

Qual é, então, o objetivo das leis realmente justas? É fazer o bem às pessoas e ao povo, tornar sua vida melhor, evitando o caos na sociedade. Mesmo tendo origem humana, elas são acolhidas pelo povo de fé como "leis de Deus", pois se alinham com a vontade divina. Enquanto as que contrariam o projeto de Deus são recusadas ou, então, melhoradas para aproximarem-se mais do ideal de justiça. Para o povo de Deus, a vida é sagrada, e toda lei que a defende e protege é, por consequência, sagrada também.

Para entender melhor essa dinâmica, tomemos o exemplo do Decálogo (Ex 20,1-17). "Não matar", "não roubar", "honrar pai e mãe" e, de modo geral, respeitar e preservar a vida e o que pertence ao semelhante eram leis universais, já aceitas e praticadas por vários povos, antes mesmo de serem promulgadas "no Sinai" ou escritas na Bíblia. Como são normas que não só promovem a vida, a liberdade e a dignidade das pessoas, mas que organizam o convívio social, garantindo a justiça e a paz, foram assumidas pelo povo de Israel como leis queridas por aquele Deus que o libertou da escravidão e da morte. Quando Israel se constituiu como "povo", como "nação", essas leis, já aceitas naturalmente – e muitas outras depois –, ganharam a roupagem de uma promulgação solene no monte Sinai, feita pelo próprio Deus, ou escritas por suas próprias mãos. Assim, tornaram-se leis "de Deus", para o povo que também é "de Deus".

Mas há uma novidade aí que é exclusiva de Israel. Esse povo não apenas simplesmente adotou leis já aceitas ou copiou as de outros povos, e sim assimilou as consideradas boas, adaptando-as a sua fé no Deus único, e rejeitou aquelas que eram contrárias a sua fé. Um exemplo disso é a lei que proíbe a criação de imagens – estátuas ou qualquer outra representação material – de Deus (como em Ex 20,3-5). Ocorreu mais ou menos o seguinte: via de regra, cada povo organizava sua vida familiar, política e social a partir de suas crenças nos deuses, com os quais estabelecia uma relação de pertença e senhorio, através de um pacto em que o povo se dispunha a oferecer sacrifícios, em troca de favores divinos como: proteção, fertilidade, prosperidade, vitória na guerra etc. As representações materiais, estátuas ou outros símbolos desses deuses serviam de mediação para o seu culto, cumprindo um papel simbólico-litúrgico, mas não significavam necessariamente uma identificação da divindade com tais objetos.[18]

---

[18] Ver, por exemplo, o desafio de Elias aos profetas de Baal, em 1Rs 18,20-40: em nenhum momento se pressupõe que, para invocar a Baal, seus profetas tivessem colocado ali uma estátua desse deus. Apenas invocavam seu nome, como depois fez Elias ao Deus de Israel. Isso comprova que também para os adoradores de Baal esta divindade não se identificava, sem mais, à sua representação material simbólica (a estátua). Contudo, o uso de imagens sempre foi um caminho fácil para atribuição de poderes divinos a esses seres, de um lado, reduzindo a divindade a um objeto manipulável pelos interesses humanos, de outro, convertendo em

De uma forma ou de outra, os poderosos passaram a manipular as divindades, utilizando-as para dominar e explorar o povo. Aí é que se criaram falsos deuses, ou seja, ídolos. Daí, aceitar e cultuar a sua imagem-representação passou a significar concordar e submeter-se ao sistema opressor, que tem o seu respaldo naquele falso deus-ídolo manipulado.

A novidade de Israel está justamente na exclusividade de seu culto ao Deus que o libertou do sistema opressor do Egito, conforme enfatiza Ex 20,1-2. Desse Deus Libertador não se pode fazer imagem, isto é, ele não aceita ser equiparado aos falsos deuses manipulados pelos poderosos para dominar o povo. Ao contrário, a imagem desse Deus é o próprio ser humano! Servir ao ser humano é servir a Deus, e vice-versa. Mais tarde, Israel considerou os outros deuses como inexistentes, aprofundando o monoteísmo e reforçando o absurdo do culto aos ídolos.

Além disso, Israel humanizou muitas leis adquiridas de outros povos que sobrecarregavam e oprimiam as pessoas. Um exemplo disso é a "lei da consagração do primogênito", que trataremos na próxima seção. Basicamente, o que poderia ter sido uma prática pagã de sacrifício de crianças se tornou em Israel consagração a Deus, resgatando e salvando a vida. Assim, uma lei inicialmente desumana foi adaptada para que servisse ao projeto de Deus, que defende a vida.

Leis que refletem um espírito discriminatório

Até aqui temos nos referido às leis bíblicas sempre de modo positivo, entendendo-as como boas, justas,

---

divindade o que é produto humano, como se deduz do caso da serpente de bronze (2Rs 18,4 e a nota da *Bíblia de Jerusalém* nesse versículo).

promovedoras do bem do povo etc. Tal interpretação deriva de nossa compreensão da Bíblia como Palavra de Deus, o qual, sendo justo por natureza, não iria impor nenhuma lei que resultasse em injustiça. Seria ingênuo, porém, negar que, com base na mentalidade de hoje, certas leis bíblicas apresentam visões discriminatórias, por exemplo, em relação às mulheres, aos deficientes, aos estrangeiros; ou são duras demais, estabelecendo pena de morte para o adultério, as leis dos escravos ou a lei do anátema contra os povos conquistados.

Mas devemos encará-las também como "leis de Deus", da forma como estão escritas? Lembrando o que dissemos mais acima sobre o Salmo 139, é possível encontrar alguma mensagem divina envolvida nesses "papéis de embrulho" fabricados em contextos humanos marcados pela dominação?

Especificamente no caso da mulher, apontando um caminho possível de solução para essa questão interpretativa de tão grande relevância, temos a chamada "leitura de gênero" ou hermenêutica feminista, que lê a Bíblia "como mulher".[19] Segundo Elizabeth Schüssler Fiorenza, uma das mais proeminentes defensoras dessa hermenêutica na atualidade, essa forma de abordagem procura "tornar conscientes e superar estruturas interiorizadas de dominação, e [...] corrigir discursos públicos desumanizadores e preconceituosos [...] analisar e tornar conscientes esses padrões de dominação, naturalizados como 'senso comum'" (FIORENZA, 2009, p. 119) e "oferecer um espaço teórico alternativo a partir do qual a interpretação pode acontecer" (ibid., p. 124). Tal tarefa é necessária, segundo essa autora, porque os textos bíblicos, como quaisquer outros textos, não são reflexos ou espelhos da realidade

---

[19] Cf. BRENNER, p. 11.

nem representam a palavra direta e incondicionada de D**us. Muito ao contrário, comunicam uma revelação divina mediante uma linguagem kyriocêntrica histórica que constrói uma realidade retoricamente a partir de uma perspectiva kyriarcal sociopolítica e religiosa (ibid, p. 120).[20]

Frisemos esta ideia: a Bíblia não é "a palavra direta e incondicionada de Deus", mas sim mediada pela linguagem humana, que, por sua vez, é condicionada pelas circunstâncias históricas. Nessa perspectiva, principalmente tratando-se das leis bíblicas que nos causam desconforto hoje, devido a seu caráter discriminatório, rígido demais ou mesmo violento, faz-se necessário encontrar outras abordagens que, como faz a hermenêutica feminista em relação às mulheres, consigam "desembrulhar" a palavra divina dessas tramas carregadas de interesses humanos – mais especificamente de homens que dominam outros homens e mulheres. Interesses estes muitas vezes distantes e até contrários ao próprio querer divino. Esta não é, porém, uma tarefa que nos compete aqui. Limitamo-nos a começar a adentrar o campo do gênero normativo na Bíblia, de cuja complexidade estas e as próximas questões são apenas um exemplo.

---

[20] A grafia D**us é adotada pela autora como forma intencional de problematização dessa categoria, visto que já está carregada de uma série de conceituações que, porém, não traduzem bem tal categoria na ótica feminista. Por "naturalização" se entende a concepção de que uma determinada relação é "naturalmente dada" ou "divinamente ordenada" (tipo: sempre foi assim e é assim que deve sempre ser...), e não como uma "construção histórica, social e econômica" (SCHÜSSLER FIORENZA, p. 120). Por "kyriarcal" essa autora entende a relação social em que o homem-patriarca exerce o poder em relação aos demais, por seu *status* social, que o define como *kyrios* (senhor), numa relação assimétrica de poder baseada no patrimônio.

Para que tantas leis?

Três motivos básicos

Para que tantas leis? Os Dez Mandamentos só já não bastariam? Jesus resumiu tudo num mandamento só: amar a Deus e ao próximo (Mt 22,36-40; Jo 13,34). Também São Paulo segue essa linha: "Quem ama o outro cumpriu a Lei" (Rm 13,8-10). Aliás, Paulo diz que a lei perdeu sua função com o advento da salvação por meio de Cristo (Rm 6,14; 7,4-6). Então, por que nos preocuparmos com tantas regras?

A bem da verdade, em comparação com a quantidade de leis que temos hoje no Brasil – desde a Constituição Federal, passando pelos Códigos Civil, Penal e de Trânsito e os diversos estatutos, até as diversas leis municipais, estaduais e federais –, a Bíblia nem tem tantas leis assim: o total pouco ultrapassa a casa dos 600. Mesmo assim, a necessidade de resumi-las em um número menor, de forma a facilitar a vida das pessoas, como fizeram vários rabinos judeus, inclusive Jesus, comprova a dificuldade que normalmente temos de conviver com tantas regras. Mas as circunstâncias acabam por justificar o aparecimento de sempre mais normas, pois a vida é dinâmica e nem tudo nela é previsível.

Há pelo menos três grandes motivos para a multiplicação das leis: as leis formuladas de modo muito genérico são insuficientes, pois novos casos e situações exigem nova legislação, e também a mudança de mentalidade provoca revisões, atualizações e adaptações. Analisemos, então, um motivo de cada vez.

a) As formulações genéricas são insuficientes

Os grandes princípios são muito genéricos. Por exemplo: leis muito concisas como "não matarás" precisam de aplicações na prática, levando em consideração diversas circunstâncias. Pode acontecer de a pessoa não ter a intenção de matar, inclusive até ter tentado evitar que isso ocorresse, sem, no entanto, conseguir; aconteceu por um acidente. Seria justo tratar o causador do acidente da mesma forma que um assassino intencional?

Na Bíblia, algumas situações de homicídio não intencional são consideradas, para as quais foram acrescentadas leis mais específicas em relação ao princípio genérico de não matar, estabelecendo alternativas à pena de morte, punição aplicável somente para o caso de homicídio intencional ou premeditado. No caso de morte acidental imediata (o que impossibilita a vítima de esclarecer as circunstâncias do acidente, inocentando o acusado), o causador da morte deveria refugiar-se numa das "cidades de refúgio" para se proteger do "vingador do sangue", o qual, segundo a lei tribal mais antiga, tinha direito de matá-lo e assim fazer justiça.[21] Aí deveria permanecer até a morte do sumo sacerdote, quando então poderia voltar à sua terra já com o atestado de "pena cumprida", não sendo mais aplicável a ele a "lei da vingança do sangue". A única exceção prevista era se o homicida não intencional decidisse sair da "cidade de refúgio" antes que o sumo sacerdote morresse: caso o "vingador do sangue" o encontrasse, poderia matá-lo sem represálias (Ex 21,12-13; Nm 35,16-34).

---

[21] Essa lei era exercida pelo *goel*, o "vingador do sangue". Ela visava proteger os clãs e as tribos, sendo uma forma primitiva de se fazer justiça. Nas "cidades de refúgio" o *goel* não podia entrar para exercer a vingança, mas poderia fazê-lo se encontrasse o fugitivo fora da cidade (cf. Nm 35,16-34).

E se a intenção era só de "dar uma lição" num escravo ou escrava, mas os golpes acabaram provocando sua morte? Neste caso, havia duas possibilidades: se a morte ocorresse com a pessoa ainda "debaixo das mãos" do patrão, ou seja, durante ou imediatamente após os golpes, este era culpado da morte e deveria ser punido; mas, se ela sobrevivesse um ou dois dias depois do castigo, o patrão não seria punido (Ex 21,20-21). Embora não se possa afirmar com certeza qual seria a punição aplicável no primeiro caso, já que o texto não o diz, é muito provável que se supunha que a intenção do patrão não era matar, mas apenas corrigir, já que o escravo era "dinheiro seu". No segundo caso, mesmo que se entenda que o texto prevê a morte do escravo um ou dois dias depois, o patrão já estaria totalmente isento de culpa. Vê-se que é uma lei muito condescendente com os donos de escravos...

Já no caso de alguém ferir um ladrão à noite, no momento do roubo, e este vir a morrer, quem o matou não seria culpado. Mas se isso acontecesse à luz do dia, já seria considerado homicídio intencional (Ex 22,1-3). Também hoje em dia existe a "legítima defesa", pela qual alguém não é culpado quando mata para defender-se. Há também os casos em que, tendo ou não a intenção de matar, o agressor deixou em alguém uma grave lesão física. Também isso precisou ser contemplado com leis que visavam garantir a indenização justa para a vítima, como no livro do Êxodo.[22]

A lei da consagração do primogênito a Deus é outro exemplo de preceito genérico que careceu de mais especificação. A lei básica era: "o primogênito de teus filhos, tu mo darás" (Ex 13,2; 22,29a). Será que isso significaria o sacrifício

---

[22] Cf. Ex 21,18-19.22-25.26-27.

do filho primogênito? Entre os povos cananeus e outros vizinhos de Israel era comum o sacrifício de pessoas humanas à divindade, especialmente de crianças e de moças virgens.[23] À prática pagã Israel reagiu com a proibição do sacrifício de qualquer ser humano.

O relato do sacrifício não consumado de Isaac (Gn 22,1-14) é o exemplo mais claro dessa interpretação.[24] Contudo, Deus continua querendo que em Israel o primogênito, tanto de homens como de animais, pertença a ele, inclusive como memorial da libertação da escravidão do Egito.[25] Como cumprir, então, essa lei? A "lei do resgate do primogênito" (Ex 13,11-16) veio dar à lei básica uma interpretação simbólica e uma motivação pascal, substituindo o sacrifício do filho pelo de um animal, perspectiva, aliás, apresentada na narrativa de Isaac. Desse modo, os pais retomavam para si o filho, fazendo a oferta prescrita, e a vida da criança era preservada, como foram preservados os primogênitos hebreus no Egito. Essa nova lei explicitou o sentido de memória pascal que faltava à lei básica, evitando equívocos na sua interpretação. Quanto ao sacrifício de animais, isso não feria a ética vigente na cultura daqueles povos, inclusive de Israel, não havendo, assim, necessidade de ulteriores desenvolvimentos na legislação.[26]

---

[23] Cf. Lv 18,21; 20,2-5; Dt 12,31; 1Rs 16,34; Jz 11,29-40.

[24] Ver a nota da *Bíblia de Jerusalém* em Lv 18,21.

[25] A morte dos primogênitos do Egito, desde homens até animais, foi um golpe decisivo para que o faraó deixasse o povo hebreu sair livre (ver Ex 11 e 12,29-34). Essa será a motivação para a lei de consagração dos primogênitos de Israel a Deus (ver Ex 13,1-2).

[26] É significativo o contraste entre consagrar indistintamente "todo" primogênito macho a Deus e sacrificar somente os primogênitos dos animais e resgatar os dos humanos. O único animal cuja cria era privilegiada com o resgate era o jumento (Ex 13,13), certamente por sua valiosa importância, pois era o principal meio de subsistência e transporte das famílias.

Concluindo: quando uma lei é genérica demais, torna-se necessário especificar mais os casos, com a criação de novas leis, mais objetivas.

b) Novos problemas e situações exigem novas soluções

Já vimos que as leis surgem das necessidades concretas das pessoas e de grupos sociais. Daí, é óbvio que o surgimento de novos problemas e diferentes situações, antes impensáveis ou imprevistos, ou que, pelo menos, ainda não haviam acontecido, constitui mais um motivo para a multiplicação das leis.

Há vários exemplos disso na Bíblia. Já mencionamos a lei do parapeito no terraço da casa (Dt 22,8); podemos acrescentar a lei que obriga a cobrir um poço cavado no campo (Ex 21,33-34) e a que estabelece indenização para a plantação arrasada pelo gado do vizinho (Ex 22,4), ou pelo fogo ateado para limpar o terreno (Ex 22,5). Tais leis se tornaram necessárias somente quando os israelitas deixaram a vida nômade e se fixaram em aldeias, passando de uma vida preponderantemente pastoril para uma vida agrária.

Outro exemplo: só quando começaram a existir classes sociais em Israel, onde em função da posse de terra alguns se tornaram mais ricos e outros mais pobres, situação praticamente inexistente entre os israelitas até a conquista da terra, é que então se fez necessário legislar sobre temas envolvendo problemas sociais decorrentes das diferenças de classe. Caminhando para o final do período da "confederação das doze tribos", na transição para a monarquia, já se percebe a formação de uma classe de proprietários de terra e de escravos, conhecidos como "os anciãos de Israel". Foram esses que pediram a Samuel a instituição de um rei, sentindo-se inseguros quanto à preservação de seu patrimônio, já que os juízes de então, os dois filhos de Samuel, se deixavam subornar, movidos pela ganância (1Sm 8,1-5).

Mas o advento da monarquia aprofundou o fosso entre pobres e ricos. Samuel, enquanto juiz em Israel e também enquanto profeta denunciador das injustiças, teria chamado atenção para as consequências funestas da adoção de um regime com poder centralizado, em termos de empobrecimento das pessoas (1Sm 8,10-18). Tudo em vão. A reclamação das tribos do Norte a Roboão, filho de Salomão, que após a morte do pai foi a Siquém receber a aprovação dessas tribos para seu governo, não deixa dúvidas quanto à dura situação a que chegou o povo (1Rs 12,4). E tudo indicava que iria piorar (vv. 10-11.14). O aumento da classe pobre, sem terra, dependente da jornada de trabalho, obrigou a criação de leis sobre o salário, como esta, por exemplo: a diária do trabalhador não pode deixar de ser paga, para que ele possa comprar o necessário, pois depende disso para viver (Dt 24,14); sobre o empréstimo e os juros (Ex 22,24-26; Dt 24,10-13), além de ampla legislação sobre os escravos. Como se vê, novas situações multiplicam as leis.

c) A mudança de mentalidade provoca revisões e supressões

Com o passar do tempo e com as mudanças sociais, é de se esperar que a mentalidade sobre certos assuntos mude, exigindo-se a modificação de certas leis. Um exemplo disso é a mudança de mentalidade em relação ao trabalho escravo. Até pouco mais de cem anos atrás, a escravidão era uma instituição legítima no Brasil. Ninguém ia preso ou deveria indenizar os trabalhadores por mantê-los em regime de escravidão. Isso se dava também porque na Bíblia a escravidão era uma instituição aceita socialmente, levando a concluir que ter escravos não era imoral (ver Dt 15,12-18, para um escravo israelita, e Lv 25,44-46, para escravos estrangeiros). Hoje, porém, a mentalidade geral da sociedade é totalmente oposta: há pesadas penas para quem adota essa prática, agora considerada abusiva, exploradora e contrária aos direitos humanos.

Outro exemplo, nesse sentido, é a internacionalização do direito: cada vez mais se faz necessário adequar as leis a um padrão mais ou menos aceito por todos os países e criar uma legislação que seja válida mundialmente, assim como um tribunal internacional, em Haia, para julgar casos que, em qualquer nação, representem crimes contra a humanidade.

Na Bíblia, a mudança de mentalidade acompanhou as novas concepções teológicas, à medida que a revelação divina foi se desdobrando na história de Israel. Exemplo disso é a diferença de espírito entre as leis "deuteronomistas" e as "sacerdotais". As primeiras têm um espírito mais humanista, ético e cordial; procuram aproximar Deus da humanidade, olhando mais para as dificuldades desta e sendo, por isso, mais indulgente, por vê-la como uma criatura frágil. As segundas, ao contrário, se inspiram na teologia do "Deus Santo", que não se confunde com os seres humanos, e procuram elevar o espírito desse ser humano, aproximando-o de Deus, tornando-o mais digno, puro e santo, mediante a fidelidade às prescrições divinas. Em resumo, não só as situações mudam, mas também as concepções das pessoas, e tudo isso exige uma nova legislação.

As leis podem ser mudadas

O que foi exposto antes, especialmente com relação aos dois últimos motivos para a multiplicação das leis, nos conduz naturalmente a este ponto: a atualização das leis implica mudança de conteúdo ou pelo menos de interpretação de leis anteriores e, às vezes, até na sua total revogação. Em outras palavras, há leis que perdem seu sentido, sua razão de ser, dentro de novos contextos e circunstâncias, exigindo-se uma nova legislação que as altere ou mesmo as extinga. As leis podem ser mudadas.

Quando se está no campo civil de um Estado não religioso como o Brasil, é fácil aceitar que algumas leis sejam revogadas em função de uma nova legislação atualizada, motivada por novas situações e concepções. Os legislativos municipais, estaduais e federal têm competência para criar, mudar e revogar leis, desde que haja consenso quanto a isso. Os cidadãos também podem fazer isso, apresentando projetos de lei de iniciativa popular que obtenham um determinado número de assinaturas de eleitores, como aconteceu com a chamada "Lei da Ficha Limpa". Mesmo assim, as mudanças na lei só acontecem depois de muitos debates, que não estão isentos de conflitos de interesses, de concepções e de interpretações.

Mas, quando estamos no campo religioso e mais especificamente no campo bíblico, a questão se torna muito mais complexa. *Grosso modo*, por se tratar de revelação divina, base de todo o corpo jurídico religioso daí derivado, o que está escrito na Bíblia é imutável, irrevogável. Não se pode alterar a Bíblia! Mas ela precisa ser interpretada, pois, como dissemos, a mensagem divina vem embutida na linguagem humana, exigindo do leitor a investigação do que está escrito, como lembra a *Dei Verbum* (n. 12), para descobrir o que Deus quer comunicar. Nessa mesma direção vai o pensamento de Schüssler Fiorenza citado anteriormente.[27] É aí, portanto, no campo da hermenêutica bíblica, que reside a possibilidade de que certas leis sejam consideradas superadas ou sem sentido para uma nova situação.

A interpretação das Leis na Bíblia, entretanto, levanta questões complicadas: haveria leis que perderam a sua validade, enquanto outras continuam sendo válidas até hoje? Como distinguir umas das outras? O que fazer quando certos preceitos são contraditórios? Se a Bíblia inteira é revelação divina e fonte normativa para a vida do povo de Deus, o que fazer com aquelas leis que claramente perderam a atualidade? Como Jesus interpretava a Torah? Que sentido tem a lei mosaica para os cristãos? Tais questões serão tratadas com mais vagar no quinto capítulo deste livro, mas, por ora, podemos dar os seguintes exemplos de leis que foram ignoradas, reinterpretadas ou simplesmente abolidas.

a) As leis de impedimento

A lei que impedia qualquer tipo de aliança (Ex 23,32), especialmente o casamento entre israelitas e estrangeiros,[28] bem como a que impedia a participação de amonitas e moabitas no culto e mesmo qualquer ato de benevolência a esses estrangeiros por parte dos israelitas (Dt 23,4-7), leis estas que foram seguidas à risca por Esdras (9-10) e Neemias (13,1-3.23-30), não encontraram eco na história de Rute, a moabita. Ao contrário, o fato de ser estrangeira não foi problema para um dos filhos de Noemi se casar com Rute e depois, menos

---

[27] Ver SCHÜSSLER FIORENZA, p. 120.
[28] Ex. 34,15-16; Dt 7,3-4.

ainda, para Booz, que teve chances de sobra para discutir a viabilidade de assumi-la como esposa, exercendo o direito de resgate previsto na "lei do levirato" (Dt 25,5-10). Ela veio a tornar-se bisavó de Davi (Rt 4,11-17), o que é notável em se tratando de uma estrangeira. Além disso, no início da narrativa Rute é apresentada como alguém que deseja ser fiel ao culto javista (Rt 1,16-17),[29] contrapondo-se ao espírito xenófobo da lei deuteronomista.

b) As leis cultuais

Todas as leis sobre o culto, o santuário, os ministros, os sacrifícios, os ritos e, principalmente, a lei do sábado, foram reinterpretadas na perspectiva pascal de Cristo, perdendo a sua eficácia diante da nova economia salvífica do Ressuscitado (Hb 7,18; 10,1-18, especialmente os vv. 8-10).

c) O preceito da circuncisão

O preceito da circuncisão exigido para todo israelita e seus escravos (Gn 17,10-27), assim como para homens estrangeiros que quisessem casar-se com mulheres israelitas (Gn 34,14-17), ou participarem da ceia pascal (Ex 12,43-44), deixou de ser obrigatório para os que abraçassem a fé cristã (At 15,1-2.5-6.28-29).

d) Leis sobre as carnes impuras

Igualmente, as leis relativas às carnes "impuras", como a de porco, entre outras (Lv 11), ficaram sem efeito para os cristãos (Mc 7,19).

---

[29] Ver a nota na *Bíblia de Jerusalém* em Rt 1,16.

e) Proibição de imagens

A proibição de fazer imagens, quer de Deus, quer dos ídolos, foi atenuada num contexto e reafirmada em outro: a serpente de bronze (Nm 21,4-9) e a Arca da Aliança, que continha em sua tampa a figura de dois querubins com as asas abertas (Ex 25,18-22), são exemplos de imagens autorizadas por Deus em contextos específicos, mas que em outros contextos se transformaram em fetiche e foram desaprovadas, inclusive destruídas, por ferirem o princípio essencial da lei que proíbe os ídolos em nome da fidelidade ao Deus libertador.[30]

É preciso, pois, compreender que a atualização das leis, pelos motivos aqui expostos, sendo uma necessidade, faz com que certos preceitos surgidos em contextos específicos percam a validade em novos contextos. Isso não significa alterar a Bíblia, muito menos revogar uma "lei de Deus", mas sim avançar na compreensão daquilo que Deus quer de nós e para nós. De todo modo, a sua vontade continua valendo. Descobrir qual é a vontade de Deus para nós e realizá-la no contexto de hoje é uma tarefa essencial de quem crê que "a sua palavra permanece para sempre" (Is 40,8; Mt 24,35).

---

[30] Ver 2Rs 18,4 para saber sobre a desaprovação da serpente de bronze que se teria transformado em ídolo. Para o caso da Arca, leia-se 1Sm 4,1-11, cuja presença foi inócua na guerra contra os filisteus (comparar com Nm 10,35; Js 6,4-13 e 2Sm 11,11) e, analogamente, na invasão babilônica. Aqui, apesar de não ser citada entre os objetos levados para Babilônia, seu desaparecimento significa, de certa forma, a desaprovação deste máximo símbolo religioso judaico transformado em fetiche (ver 2Rs 24,13; 25,13-17; comparar com as denúncias de Jeremias ao Templo em Jr 7).

Capítulo 3
Classificação das leis

Toda classificação depende de critérios para se juntar algumas coisas e separar outras. Quando há muita diversidade de coisas a classificar, os critérios podem variar, alterando-se a classificação. Há coisas que podem ser classificadas num grupo e noutro, dependendo das características que se queira ressaltar. Acontece isso com as leis bíblicas: várias classificações são oferecidas. A que apresentamos aqui se baseia largamente na proposta de José Luís Sicre (1995), com ligeiras adaptações nos termos utilizados por esse autor.

Quanto à sua formulação, na Bíblia encontramos, basicamente, dois tipos de leis: as que contemplam casos gerais e têm uma formulação direta, sem rodeios, usando o verbo no imperativo, tecnicamente chamadas "apodíticas"; e as que contemplam casos particulares, com cláusulas para cada caso, tecnicamente chamadas "casuísticas". No primeiro grupo se encontram aquelas leis que dão uma ordem direta, mandando que se faça algo (propositivas) ou, ao contrário, proibindo (proibitivas). No segundo grupo, como o nome já diz, se encontram leis específicas para cada caso.

Leis com formulação imperativa direta ("apodíticas")

As leis que usam a forma direta ("apodíticas"), tanto propositivas quanto proibitivas, são sempre breves, concisas, mas também muito genéricas. Às vezes, são acrescentadas de uma justificativa, uma explicação ou uma motivação que pode ser uma promessa de recompensa para quem cumpre tal lei ou uma ameaça em caso de descumprimento. Ocorre também com frequência nesse grupo a explicitação, na própria formulação da lei, da pena prevista para o seu descumprimento. Geralmente usam a segunda pessoa do singular, pois se dirigem à pessoa concreta, ao indivíduo, sendo sempre considerado o indivíduo do sexo masculino, já que a sociedade israelita era patriarcal e a mulher estava submissa ao homem. Mas o "tu" nessas leis sempre se refere a todo o povo tomado como um personagem coletivo. O uso do plural veio bem mais tarde.

Na forma propositiva

Essas leis são identificadas pelo verbo no imperativo e pela concisão. No entanto, o imperativo no hebraico também pode ser expresso com o futuro do indicativo. Podemos ilustrar esse tipo de lei com estes exemplos:

- "Lembra-te de santificar o sábado" (Ex 20,8).
- "Honra teu pai e tua mãe" (Ex 20,12).
- "O primogênito de teus filhos, tu mo darás" (Ex 22,28b).
- "Amarás teu próximo como a ti mesmo" (Lv 19,18b).

Essas leis, inicialmente muito breves, receberam depois ampliações de caráter diverso, como dito anteriormente. A lei da santificação do sábado ganhou uma explicação de como realizá-la na prática: "trabalharás durante seis dias, e farás toda a tua obra. O sétimo dia, porém, é o sábado do Senhor, teu Deus. Não farás nenhum trabalho, nem tu, nem teu filho, nem tua filha, nem teu escravo, nem tua escrava, nem teu animal, nem o estrangeiro que está em tuas portas" (Ex 20,9-10). Ganhou também esta motivação teológica, na versão do Êxodo, inspirada no "descanso" de Deus após o "trabalho" de seis dias de criação: "porque em seis dias o Senhor fez o céu, a terra, o mar e tudo o que eles contêm, mas repousou no sétimo dia; por isso o Senhor abençoou o dia do sábado e o santificou" (Ex 20,11).

Já na versão do Deuteronômio, mais extensa, a motivação teológica é inspirada na libertação dos hebreus do Egito e tem um caráter mais humanista, social, libertário: "Recorda que foste escravo na terra do Egito, e que o Senhor teu Deus te fez sair de lá com mão forte e braço estendido. É por isso que o Senhor teu Deus te ordenou guardar o dia de sábado" (Dt 5,15).[1]

O dever de honrar os genitores foi acrescentado de uma promessa de vida longa: "para que se prolonguem os teus dias na terra que o Senhor, teu Deus, te dá" (Ex 20,12b). A versão desse mandamento em Dt 5,16 é um pouco mais extensa e acrescenta à longevidade a promessa de prosperidade: "conforme te ordenou o Senhor teu Deus, para que os teus dias se prolonguem e tudo corra bem na terra que teu Deus te dá".

Na forma proibitiva

Esse tipo de lei é fácil de identificar: começa com um sonoro "não" ou, em alguns casos, com o pronome indeterminado "ninguém", seguidos do verbo normalmente no futuro, podendo também usar o verbo no imperativo ou no subjuntivo. Sendo também geralmente "apodíticas", elas são breves, concisas e genéricas. Tomemos estes exemplos:

---

[1] Ex 23,12 traz outra redação da lei do *shabbat* também orientada para o descanso.

- "Não terás outros deuses diante de mim" (Ex 20,3).
- "Não matarás" (Ex 20,13).
- "Não cometerás adultério" (Ex 20,14).
- "Não roubarás" (Ex 20,15).
- "Não deixarás viver a feiticeira" (Ex 22,17).
- "Ninguém dentre vós cometerá roubo, nem usará de falsidade ou de mentira para com seu compatriota" (Lv 19,11).
- "Não faças aliança com os moradores da terra. Não suceda que, em se prostituindo com os deuses deles e lhes sacrificando, alguém te convide e comas dos seus sacrifícios" (Ex 34,15).

Por causa da concisão que generaliza, também algumas destas leis ganharam acréscimos com explicações e cláusulas restritivas, além de motivações ou ameaças. Tudo isso acontece, por exemplo, com a proibição bem concisa "não terás outros deuses diante de mim". Visava à exclusividade do culto de Israel ao Senhor, condição básica da Aliança. Inicialmente, não se negava a existência de outros deuses, sendo que cada povo tinha o seu deus particular, nacional, mas se afirmava a superioridade do Deus de Israel, que escolheu para si esse povo, exigindo a exclusividade de seu culto. Pouco a pouco, passou-se a uma compreensão mais transcendente da divindade, com atributos universais e com a consequente afirmação da nulidade dos deuses das outras nações.[2] Inicialmente genérica,

---

[2] Ver Dt 4,35 e Ex 20,5 e a nota na *Bíblia de Jerusalém* em Ex 20,3.

então, a lei ganhou explicações, restrições, uma ameaça e uma promessa, como se lê a seguir:

> Não farás para ti imagem esculpida de nada que se assemelhe ao que existe lá em cima, nos céus, ou embaixo na terra, ou nas águas que estão debaixo da terra. Não te prostrarás diante desses deuses e não os servirás, porque eu, o Senhor teu Deus, sou um Deus ciumento, que puno a iniquidade dos pais sobre os filhos até a terceira e quarta geração dos que me odeiam, mas, que também ajo com amor até a milésima geração para aqueles que me amam e guardam os meus mandamentos (Ex 20,4-6).

Algumas leis proibitivas foram enfatizadas com o acréscimo de uma ameaça, como estas:

- "Não pronunciarás em vão o nome do Senhor teu Deus, porque o Senhor não deixará impune aquele que pronunciar em vão o seu nome" (Ex 20,7).

- "Não afligireis a nenhuma viúva ou órfão. Se o afligires e ele clamar a mim escutarei o seu clamor; minha ira se acenderá e vos farei perecer pela espada: vossas mulheres ficarão viúvas e vossos filhos, órfãos" (Ex 22, 21-23).

Existem também na Bíblia leis com formulação direta que no lugar do verbo no imperativo usam um pronome relativo: "quem", "aquele que" "se alguém...", seguido do verbo no infinitivo. Geralmente, essa fórmula é usada quando a lei já estabelece uma pena para o delito de que ela trata. Exemplos:

- "Quem ferir de morte a outro, será morto" (Ex 21,12).

- "Quem ferir o seu pai ou a sua mãe, será morto. Quem raptar alguém e o vender, ou for achado na sua mão, será morto. Quem amaldiçoa seu pai ou a sua mãe, será morto" (Ex 21,15-17).
- "Quem tiver coito com um animal, será morto. Quem sacrificar a outros deuses será entregue ao anátema" (Ex 22,18-19).

Essas sentenças são uma forma diferente de dizer "não mate", "não sequestre", "não amaldiçoe seu pai nem sua mãe" etc., porque quem o fizer receberá as penalidades estabelecidas. Encaixam-se, pois, na forma proibitiva direta.

Outro tipo de formulação com pronome relativo é o das leis que utilizam fórmulas de bênçãos e maldições: começam com a fórmula "bendito seja aquele que" ou "maldito seja aquele que". Essa maneira de redigir a lei chama a atenção para uma promessa ou uma ameaça subentendidas nas palavras "bendito" ou "maldito". Essa fórmula se aplica tanto para leis propositivas quanto proibitivas. A promessa incentiva a prática da lei e a ameaça de castigo coíbe sua transgressão. O exemplo mais claro dessa forma de apresentação de lei é o "Dodecálogo Siquemita", que veremos no próximo capítulo.

Leis com formulação casuística

O grupo de leis que usam a forma "casuística" é composto daquelas que apresentam um caso concreto, iniciando com "se" ou "quando", e estabelecem logo em seguida a solução para esse caso. Mas atenção: não se trata do que comumente hoje se chama de "casuísmo", que é a tentativa de encontrar "brechas" numa lei, em detrimento de um princípio geral para acabar justificando tudo. Essas leis representam a jurisprudência mais concreta de Israel, revelando como se aplica na prática o princípio da respeitabilidade a si mesmo, ao próximo, à vida, à natureza, a Deus. São mais abundantes, na Bíblia, do que as leis "apodíticas". Há duas maneiras de se apresentar a lei na forma casuística: sem ou com variantes.

Na forma sem variantes

As leis que têm essa forma apresentam apenas um caso concreto e emitem logo uma sentença. Exemplos:

- "Se um fogo, alastrando-se, encontrar espinheiros e atingir as medas, ou a messe, ou o campo, aquele que ateou o fogo pagará totalmente o que tiver queimado" (Ex 22,5).

- "Se encontrares o boi do teu inimigo, ou o seu jumento, desgarrado, lho reconduzirás. Se vires cair debaixo da carga o jumento daquele que te odeia, não o abandonarás, mas o ajudarás a erguê-lo" (Ex 23,4-5).

- "Quando o Senhor teu Deus houver destruído as nações para onde te diriges [...] fica atento a ti mesmo! Não te deixes seduzir, não vás seguir o que ele havia exterminado da tua frente, não procures pelos seus deuses [...]" (Dt 12,29.30).

Na forma com variantes

As leis formuladas dessa maneira são mais frequentes do que as anteriores. Apresentam um caso concreto e, em seguida, consideram as possíveis variantes (às vezes numerosas), sempre antecedidas de um novo "se" e finalizadas com uma sentença específica para cada caso. Exemplos:

• "Se algum boi chifrar homem ou mulher e causar sua morte, o boi será apedrejado e não comerão a sua carne; mas o dono do boi será absolvido. Se o boi, porém, já antes marrava e o dono foi avisado, e não o guardou, o boi será apedrejado e o seu dono será morto. Se lhe for exigido resgate, dará então como resgate da sua vida tudo o que lhe for exigido. Que tenha chifrado um filho, que tenha chifrado uma filha, esse julgamento lhe será aplicado" (Ex 21,28-31).

• "Quando comprares um escravo hebreu, seis anos ele servirá; mas no sétimo sairá livre, sem nada pagar. Se veio só, sozinho sairá; se era casado, com ele sairá a esposa. Se o seu senhor lhe der mulher, e esta der à luz filhos e filhas, a mulher e seus filhos serão do senhor, e ele sairá sozinho. Mas se o escravo disser: 'Eu amo a meu senhor, minha mulher e meus filhos, não quero ficar livre', o seu senhor fa-lo-á aproximar--se de Deus, e o fará encostar-se à porta e às ombreiras e lhe furará a orelha com uma sovela: e ele ficará seu escravo para sempre. Se alguém vender sua filha como serva, esta não sairá como saem os escravos. Se ela desagradar ao seu senhor, ao qual estava destinada, este a fará resgatar; não poderá vendê-la a um povo estrangeiro, usando de fraude para com ela. Se a destinar a seu filho, este a tratará segundo o costume em vigor para as filhas. Se tomar para si uma outra mulher, não diminuirá o alimento, nem a vestimenta, nem os direitos conjugais da primeira. Se a frustrar nessas três coisas, ela sairá sem pagar nada, sem dar dinheiro algum" (Ex 21,2-11).

Capítulo 4
Os códigos ou conjuntos de Leis das Escrituras judaicas[1]

Muitas leis no âmbito familiar, do clã e da tribo nasceram da convivência do dia a dia e, com certeza, passaram, de forma oral, de pai para filho, de geração em geração, sendo só muito tempo depois escritas – e muito provavelmente nem todas o foram. Na medida em que a sociedade crescia, aumentavam as dificuldades e problemas de convivência e mais leis iam surgindo. Para favorecer sua memorização, foram agrupadas em blocos, segundo as diferentes áreas da vida humana.

As leis do clã ou tribais

Na experiência do povo da Bíblia, a família, o clã e a tribo geravam suas próprias leis, conforme vimos no capítulo anterior. Certamente elas não nasceram já escritas, mas eram ensinadas em casa, nas rodas de conversa, nas festividades tribais, repassadas de pai para filho, de avô para neto, como um "código de conduta" ao qual todos na tribo deviam estar atentos e praticar. A tribo as acatava como norma de vida, aplicando-as sempre que necessário, com base no costume tribal. É como se diz hoje: "boa educação vem do berço!".

---

[1] Também aqui nos baseamos em Sicre, mas fizemos grandes adaptações do seu material.

Se hoje conseguimos encontrar verdadeiros códigos de leis formando um "corpo jurídico" bem estruturado na Bíblia, como veremos neste capítulo, é importante ressaltar que nem todas as leis foram recolhidas e elaboradas nas formas literárias que vimos no capítulo anterior. Na época patriarcal, por exemplo, não houve a preocupação de reunir todas as leis num conjunto. Elas eram passadas por meio de narrativas. Algumas chegaram a ganhar forma autônoma, com enunciados bem precisos, mas acabaram ficando dispersas nos textos bíblicos, às vezes sem muita ligação com o contexto em que se encontram.

Para Sicre,[2] essas leis ou "Código do Deserto", segundo alguns, praticamente se resumiam a dois princípios fundamentais: a hospitalidade e a vingança do sangue, embora alguns autores acrescentem a estes princípios a lei da pureza da raça, que restringia os casamentos a membros do próprio clã ou tribo. Mas também princípios morais básicos como, por exemplo, honrar pai e mãe, a proibição do incesto, a vingança da honra etc., devem ter tido origem nesse ambiente, como já afirmado. O "Código do Deserto" apresenta-se não como um conjunto de leis reunidas num texto contínuo, mas como costumes e práticas tidos como verdadeiras leis que não podem ser quebradas. Temos conhecimento das leis dessa época pelas narrativas sobre os patriarcas e suas vicissitudes. Vejamos alguns exemplos.

Além do já citado exemplo de Abraão com os três peregrinos em Mambré (Gn 18,1-8), podem-se citar estas outras narrativas em que aparece a lei da hospitalidade: Labão recebe com honras o servo de Abraão (Gn 24,28-32); Ló insiste com os dois anjos para que se hospedem em sua casa em Sodoma

---

[2] SICRE, pp. 118-119.

e os defende de homens violentos da cidade, de uma forma impensável para nós, hoje (Gn 19,1-11). Esse relato liga-se diretamente ao do levita efraimita e sua concubina: ler Jz 19,1-30. Ao que parece, ainda no tempo dos juízes a hospitalidade e a honra do hóspede eram preceitos invioláveis, como se depreende ao ler a macabra história. Se o pensamento de Ló em relação às filhas nos causa indignação, pelo menos aí não se chegou às vias de fato. O caso do levita, porém, causa espanto e indignação pelas sucessivas violências acontecidas que são aí expostas. Isso é algo que deveria ter-se apagado da memória de Israel!

Mas talvez o objetivo da narrativa fosse exatamente reforçar o quanto era importante a hospitalidade, um dever sagrado irrecusável, a ponto de fazer com que o ancião de Gabaá, como Ló, estivesse disposto a entregar as próprias filhas à desonra, para defender seu hóspede! O desfecho chocante dessa narrativa, na qual, com certeza, a mulher levou a pior, e que também quase provocou a eliminação de toda uma tribo em Israel, por seus próprios irmãos (Jz 20–21), mostraria o que pode acontecer quando as pessoas se esquecem dos deveres mais elementares da convivência familiar e tribal, como o da boa hospitalidade. Para esses deveres não havia necessidade de um poder central, como o rei, conforme o narrador comenta em Jz 19,1 e 21,25. Esse era um tipo de dever do qual a família, o clã ou a tribo jamais deveriam descuidar.

A lei da vingança do sangue ou da honra partia do princípio da solidariedade no clã: a violência contra alguém do grupo repercutia em todos os seus membros (Gn 34,1-31). Como naquelas sociedades nômades não havia um exército regular nem um grupo especificamente guerreiro, a defesa dos membros do grupo, especialmente dos mais frágeis, como as mulheres, especialmente as virgens e as viúvas, e os órfãos, cabia a qualquer um que fosse apto, pressupondo que todos eram responsáveis pela segurança dos demais. A lei da vingança do sangue era uma forma primitiva de aplicação da justiça. De certa forma, visava coibir o início da violência, pois o agressor, pensando na vingança por parte do grupo da vítima, deveria desistir de fazer o mal a alguém. Por outro lado, a vingança satisfaria a necessidade da punição, que é uma espécie de "desagravo" à vítima e à sua família, clã e tribo.

Essa lei parece ser uma das mais antigas da humanidade, como fazem pensar o medo de Caim, após matar Abel (Gn 4,14-15), e a justificativa de Lamec para se vingar, em seu canto (Gn 4,23-24). Para o caso da vingança da honra, leia-se Gn 34,1-31, onde os irmãos de Dina a vingam por ter sido abusada sexualmente, ou 2Sm 13, onde Absalão vinga a honra de sua irmã Tamar, que tinha sido violentada pelo seu meio-irmão Amnon.

Mesmo depois da existência de instrumentos mais claros para a aplicação da justiça pelo Estado, a vingança pessoal continuou sendo a lei básica para o "acerto de contas": Joab mata Abner para vingar a morte de seu irmão Asael (2Sm 2,22-23; 3,22-27); Absalão, filho de Davi, mata Amnon, seu irmão por parte de pai, para vingar a desonra de sua irmã Tamar (2Sm 13); Jeú vinga o sangue de Nabot exterminando totalmente a família de Acab (2Rs 9,22-10,11); no tempo de Oseias será a vez de todo o Israel pagar pelo sangue que Jeú derramou (Os 1,4).

Nestes dois últimos casos a vingança foi muito além do "olho por olho, dente por dente": a morte de uma única pessoa foi vingada com o extermínio de toda a família de Acab, e depois com a punição de todo o povo de Israel por causa desse extermínio. Mas a vingança do sangue só valia para grupos diferentes. Dentro do próprio grupo a punição era a expulsão do assassino de entre sua tribo, e não sua morte, como exemplifica o caso de Caim.

Já a lei da pureza da raça pode não ser da época patriarcal, apesar do relato de Gn 24,3-4, em que Abraão faz seu criado jurar que arranjaria esposa para Isaac somente dentre os seus parentes. De fato, este texto pode ser uma projeção no passado de uma lei que só veio a existir no pós-exílio, com a reforma de Neemias (Ne 13,23-30; Esd 9-10). Ao que parece, por um bom tempo os casamentos mútuos eram aceitos entre Israel e os outros povos: os filhos de Jacó não recusaram a proposta dos siquemitas de realizarem entre si casamentos, desde que estes se circuncidassem (Gn 34,8-17); Moisés se casou com uma madianita (Ex 2,21-22); houve casamentos normalmente entre israelitas e gente dos povos vizinhos no tempo dos juízes (Jz 3,5-6); Booz casou-se com Rute, a moabita que se tornou bisavó de Davi e que era muito elogiada pelo povo (Rt 4,13.17); Salomão teve esposas de várias nacionalidades (1Rs 3,1; 11,1-3).

O exemplo de Salomão, entretanto, por sua magnitude e repercussão, tornou-se emblemático para Neemias demonstrar o risco religioso que tais casamentos passaram a representar para Israel (Ne 13,28, referindo-se a 1Rs 11,2-8). Tudo indica que a adoção dessa política discriminatória em relação aos israelitas, de ambos os sexos, considerados "impuros" por terem se casado com pessoas estrangeiras, influenciou os textos antigos que revelam uma tendência a evitar esses casamentos.

Os conjuntos de Leis das Escrituras judaicas

Critérios para agrupar as leis

A simples existência de diversas leis leva naturalmente à sua organização em blocos mais ou menos sistemáticos. Tal medida se tornou ainda mais necessária quando o número e a diversidade das leis se multiplicaram consideravelmente, dificultando a sua aprendizagem e transmissão. A fim de facilitar isso, as leis foram sendo ajuntadas umas às outras para formar conjuntos que, quando mais extensos, são chamados de "códigos". Havia vários critérios para se juntar as leis.

a) Os Dez Mandamentos

O critério mais simples era agrupá-las em série de dez preceitos, ou seja, um decálogo, para facilitar a memorização com a ajuda dos dedos das mãos. Na Bíblia encontramos dois grandes exemplos: os Dez Mandamentos (literalmente "as dez palavras")[3] ou "Decálogo Ético" (Ex 20,1-17; Dt 5,6-21); e o "Decálogo ou Dodecálogo Cultual" (Ex 34,14-26).[4] Sicre hipotetiza a existência de um decálogo "para a administração da justiça".[5] Auerbach (apud SICRE, 1995, p. 117) propõe como decálogos: Ex 21,2-11; 23,10-19; Dt 27,15-24, entre outros, mas não convence muito, segundo este autor.

---

[3] Ver Ex 34,28 e Dt 4,13; 10,4.

[4] Não há consenso quanto à distinção dos dez mandamentos nesse caso. Veja-se a nota na *Bíblia de Jerusalém* em Ex 34,10.

[5] No seu livro *Con los pobres de la tierra*; la justicia social en los profetas de Israel (Madrid, 1984), pp. 60ss (apud SICRE, 1995, p. 117, nota).

b) Série de doze preceitos

Outro recurso simples era reunir as leis numa série de doze preceitos, como é o caso do chamado "Dodecálogo Siquemita" (Dt 27,15-26) e, o mais provável, do "Dodecálogo Cultual" citado anteriormente. O número doze era associado aos meses do ano e às tribos de Israel, e isso também poderia facilitar a memorização das leis.

c) Formulações semelhantes

A maneira semelhante de formular as leis, mesmo que tenham conteúdos bem diferentes, pode ter servido para juntar algumas leis em blocos. Por exemplo: Ex 21,18–22,16.

d) O conteúdo das leis

O conteúdo de algumas leis pode também ter servido de critério para reuni-las: o assunto das relações sexuais proibidas (Lv 18,6-23), das peregrinações anuais (Ex 23,14-19), dos sacrifícios e ofertas (Lv 1–7).

e) Códigos de leis

Por fim, temos os códigos mais extensos, que reúnem leis muito diversas, tanto no estilo quanto na formulação e no conteúdo. Aqui já não é tão simples descobrir quais tenham sido os critérios de inclusão destas leis em um único código. Pode ter sido pela necessidade de não deixá-las se perderem, pelo seu uso numa determinada região ou apenas para que não ficassem avulsas, espalhadas nos textos. Os exemplos bíblicos são: o "Código da Aliança" (Ex 21–23); o "Código Deuteronômico" (Dt 12–26) e o "Código Sacerdotal", também chamado de "Lei de Santidade" (Lv 17–26). Na seção seguinte vamos estudá-los um por um.

O Decálogo – Dez Mandamentos – Ex 20,1-17 e Dt 5,6-21

Este é o conjunto de leis mais famoso da Bíblia, tendo ganhado tanta importância que chegou a ser o centro do próprio javismo. De fato, a Bíblia apresenta as "dez palavras" (Decálogo) como escritas pelo dedo de Deus, entregues a Moisés no Sinai e colocadas dentro da Arca da Aliança, objeto de maior sacralidade no culto em Israel.[6] Também Jesus, como veremos adiante, se referiu à observância dessas leis (não na exterioridade, mas no seu espírito, no seu cerne) como sendo o suprassumo da prática religiosa. O catecismo católico seguiu nessa linha, desde Trento, ao propugnar o ensino dos Dez Mandamentos como essencial para a formação cristã dos fiéis, dando inclusive uma versão mais curta a cada mandamento, para facilitar a memorização, sobretudo pelas crianças. Saber de cor os "Dez Mandamentos da Lei de Deus" ainda é, hoje em dia, critério para admitir crianças à Primeira Eucaristia em muitas comunidades católicas do Brasil.

Esse pequeno código, com poucas leis bastante concisas, é chamado de "Decálogo Ético" por ter um conteúdo mais voltado para a prática do respeito aos direitos fundamentais do ser humano. De fato, dos dez preceitos, na versão bíblica, sete se referem ao relacionamento com o próximo, enquanto apenas os três primeiros se referem aos "direitos de Deus", regendo as relações entre o crente e Deus. Mesmo assim, também os preceitos que se referem explicitamente a Deus têm um cunho marcadamente ético, se considerarmos que o Deus

---

[6] Ver Ex 25,16; 31,18; 32,15; 34,29. A Arca realizava para os israelitas o papel simbólico das imagens dos deuses nos cultos pagãos. Era "sobre" ela que se manifestava a presença de Deus.

que quer ser reconhecido como "o único" se apresenta como "aquele que te fez sair da terra do Egito, da casa da servidão" (Ex 20,1). É o Deus que liberta o oprimido e não quer que este caia de novo na opressão, "servindo" a outros deuses. Daí, a proibição de fazer imagens de deuses e prestar-lhes culto é também uma forma de garantir a liberdade que só esse Deus único pode dar, pois qualquer coisa ou pessoa transformada em ídolo acaba por escravizar o ser humano.

Também o preceito do sábado ou do "descanso" tem motivação ética, como já acenamos anteriormente. Seja porque o próprio Deus "descansou" depois da criação, seja porque o povo foi libertado da escravidão no Egito e "descansou" dos trabalhos forçados, o ser humano não pode ser escravo do trabalho, da produção. Ele tem direito à liberdade, ao repouso, ao lazer e ao prazer.

Esse Decálogo tem duas versões na Bíblia: uma em Ex 20,1-17 e outra em Dt 5,6-21. Elas são praticamente iguais, mas contêm algumas diferenças de formulação que são interessantes. A versão do Êxodo é eloísta e mais antiga, podendo remontar, pelo menos em sua forma essencial, aos tempos de Moisés. A versão do Deuteronômio é uma revisão que os autores deuteronomistas fizeram da primeira, sendo por eles atualizada. Ambas são atribuídas diretamente a Deus, que as teria revelado a Moisés no Sinai. O Deuteronômio diz que Deus as escreveu pessoalmente em tábuas de pedra e as entregou a Moisés (Dt 5,22), mas já vimos que esse é um recurso literário para chancelar ou autenticar o valor e a autoridade das leis. As diferenças entre as duas versões depõem contra a atribuição das duas ao mesmo autor. São elas:

a) O preceito sabático

A motivação do preceito sabático: no Êxodo se invoca a criação, lembrando que Deus "descansou" no sétimo dia (Gn 2,2-3). Esta motivação é, em primeira mão, religiosa, pois o Criador seria lembrado e honrado neste dia a ele dedicado. Em outras palavras, o ser humano trabalharia para si durante seis dias, mas dedicaria um dia para se lembrar do Criador e de toda a sua obra. O preceito visa, portanto, à ação de graças a Deus por toda a criação. O fundamento ético do descanso está no próprio Deus, cujo proceder o ser humano deve imitar: no sétimo dia o Criador descansou de toda a sua obra, por isso a criatura também deverá fazer a sua obra em seis dias e descansar no sétimo dia. A preocupação humanitária e ética desse preceito aparece no v. 10: todos, inclusive os escravos, os estrangeiros e até os animais têm direito a esse descanso semanal.

No Deuteronômio o matiz social e humanitário e, portanto, político, é mais realçado: o pano de fundo do preceito sabático é a libertação da escravidão no Egito e, portanto, com a Páscoa (Dt 5,15). É porque o povo foi escravo no Egito e de lá foi libertado por Deus que o sábado precisa ser respeitado. O sábado é ainda um dia dedicado a Deus para agradecer essa libertação, mas com este forte caráter social libertário: Deus não quer ninguém oprimido.

Na versão anterior do Decálogo, ficou meio vago quais animais deveriam descansar, por isso, a nova versão do Deuteronômio especifica melhor: "nem teu boi, nem teu jumento, nem qualquer dos teus animais" (v. 14). Acrescentou-se também um pequeno comentário: "conforme ordenou o Senhor teu Deus" (v. 12), demonstrando que o preceito já era conhecido antes desta redação.

b) O quinto mandamento deuteronomista

A formulação do quinto mandamento: na versão do Deuteronômio são acrescentados o comentário "conforme te ordenou o Senhor teu Deus" e a motivação "para que tudo corra bem" como resultado da observância do preceito de honrar pai e mãe. Esse detalhe é tipicamente deuteronomista, já que a tese da obra é de que o cumprimento das leis divinas acarreta prosperidade, bênção de Deus, enquanto a sua inobservância traz o contrário, e foi o que teria acontecido com Israel, na visão deuteronomista.

c) O décimo mandamento no Êxodo

A formulação do último mandamento: na versão do Êxodo, a mulher ficou em situação desconfortável e injusta entre os bens da "casa" do homem, sendo equiparada aos escravos, aos animais e às coisas que pertencem a ele (v. 17). O Deuteronômio procurou corrigir esta infeliz formulação distinguindo melhor: colocou a mulher na frente e separada dos bens, usando dois verbos distintos: "não cobiçarás a mulher" e "não desejarás para ti a casa etc.". A Igreja acentuará ainda mais esta separação, transformando-a em dois preceitos distintos (9º e 10º mandamentos). Também o Deuteronômio acrescenta mais dois itens aos bens do homem: a "casa" e o "campo", ausentes na versão do Êxodo, pois agora se está numa cultura agrária, sedentária.[7]

---

[7] Ex 20,17 fala de "casa" no sentido amplo de "bens" em geral, que incluem a família e os escravos. Nesse sentido é que se diz a "casa de Israel", "a casa de Davi" etc. A formulação de Dt 5,21 deixa mais claro que se trata da casa enquanto "imóvel", um dos bens físicos do homem.

d) Diferentes nomes para a mesma montanha

Além das diferenças citadas, observem-se ainda estes detalhes: o nome do monte onde se deu a revelação dos mandamentos é Sinai, no Êxodo, mas Horeb, no Deuteronômio. As circunstâncias em que se deu a revelação no monte e a reação do povo à teofania são narradas, no Êxodo, depois da promulgação do Decálogo, mas no Deuteronômio foram duplicadas: aparecem antes e depois de Deus apresentar as suas leis. A posição do povo durante a revelação não fica clara: a primeira versão faz pensar que o povo todo primeiro ouviu de Deus os mandamentos e depois, por medo, pediu que Deus falasse só a Moisés (Ex 20,18-21), enquanto a segunda afirma, de um lado, que Deus falou ao povo "face a face sobre a montanha" (Dt 5,4.22), mas, de outro, que só Moisés estava lá em cima (v. 5).

Deixando as diferenças e os detalhes para quem gosta de esmiuçar os textos em busca das filigranas de suas redações, o mais importante é fixar-se no conteúdo e no espírito destas leis. O judaísmo sempre viu nelas dois aspectos fundamentais: a relação com Deus e a relação com o próximo. Isso levou o imaginário religioso a representar o Decálogo em "duas tábuas" (Dt 5,22). Como já acenamos antes, o espírito destas leis é profundamente humanista e libertador. Voltaremos a este aspecto na última seção.

O "Decálogo" Cultual – Ex 34,14-26

O contexto em que aparecem estas outras "dez palavras" revela claramente uma questão cultual: o povo não sabia o que acontecera com Moisés na montanha, pois já se haviam passado quarenta dias sem que ele retornasse (Ex 24,18; 32,1). Aarão, então, fabricou um bezerro de ouro para representar o

Senhor, a fim de que o povo pudesse celebrar a Deus com uma grande "festa para o Senhor" (Ex 32,5).[8] Ao descer do monte com as tábuas de pedra contendo os Dez Mandamentos, o Decálogo, que Deus lhe dera, e ver o que estava acontecendo, Moisés irou-se e quebrou as tábuas (Ex 32,15-19). Esse gesto simbólico extremamente significativo revela o rompimento da Aliança por parte do povo, pois o Deus Libertador não pode ser reduzido a um simples objeto. Diante disso, Deus manda Moisés lavrar outras duas pedras e subir de novo à montanha, onde ele escreveria "as mesmas palavras" que estavam nas primeiras tábuas Ex 34,1.[9]

Mas o que foi escrito nas novas tábuas de pedra preparadas por Moisés é bem diferente do que havia sido escrito nas primeiras que ele quebrara. Do primeiro Decálogo só aparecem estas leis, mesmo assim com uma redação um pouco diferente: a exclusividade do culto a Deus, a proibição da idolatria e da fabricação de imagens de deuses e a observância do sábado. As demais prescrições continuam tratando do culto, motivo porque este conjunto de leis é chamado de Decálogo Cultual. Porém, apesar de se dizer, após apresentar as leis, que Deus (cf. 34,1) ou Moisés mesmo, segundo a ordem do v. 27,

---

[8] Ler Ex 32,1-14. A narrativa do bezerro de ouro pressupõe que o povo ainda não tinha tomado conhecimento do conteúdo das leis divinas, pois Moisés estava na montanha há dias e ainda não havia descido para repassá-las ao povo. Até aí, portanto, o povo não tinha como saber que Deus havia proibido de representá-lo com imagens. Note-se que não se trata de substituir o Senhor por outro deus, mas de representar o Senhor mesmo. O touro era já conhecido como símbolo de força, fecundidade, poder e riqueza. Por desprezo ele é chamado aqui de bezerro. De todo modo, tal imagem representava um perigo de reducionismo da transcendência divina a um objeto, um fetiche manipulável pelos interesses humanos de poder e dominação. Caso semelhante se deu com a Arca da Aliança (1Sm 4–6) e a Serpente de Bronze (2Rs 18,4). A narrativa do "bezerro" de ouro pode ter sido inserida entre os dois decálogos para justificar o segundo (ler nota da *Bíblia de Jerusalém* em Ex 32,1).

[9] Ver também Dt 10,1-5.

"escreveu nas tábuas as palavras da aliança, as dez palavras" (v. 28), essa lista contém, ao que parece, mais de dez preceitos. Sicre (1995, pp. 123-124) os apresenta na forma de um dodecálogo e informa que outros autores encontraram catorze mandamentos. Mas o mais importante não é saber "quantos" são e sim "quais" são. Por isso, vamos continuar nomeando esse conjunto de normas como "Decálogo", entre aspas, apenas porque deveria ser uma reedição das primeiras "dez palavras". Na lista a seguir, a numeração não corresponde aos preceitos, mas a cada frase do texto com base nos verbos empregados, chegando às seguintes proposições literais:[10]

1 – "Abstém-te de fazer aliança com os moradores da terra para onde vais [...]."

2 – "Derrubareis os seus altares, quebrareis as suas colunas e os seus postes sagrados."

3 – "Não adorarás outro deus."

4 – "Não faças aliança com os moradores da terra [...]."

5 – "[Não] comas dos seus sacrifícios [aos seus deuses]."

6 – "[Não] tomes mulheres das suas filhas para os teus filhos [...]."

7 – "Não farás para ti deuses de metal fundido."

8 – "Guardarás a festa dos Ázimos [...]."

9 – "Todo o que sair por primeiro do seio materno é meu [inclusive dos animais].

---

[10] Para simplificar, omitimos as explicações que acompanham alguns preceitos. As palavras entre colchetes não reproduzem exatamente o texto, servem apenas para facilitar a compreensão da frase.

10 – "[...] resgatarás [o jumento] com um cordeiro."

11 – "Se não o resgatares, quebrar-lhe-ás a nuca."

12 – "Resgatarás todos os primogênitos dos teus filhos."

13 – "Não comparecerás diante de mim de mãos vazias."

14 – "Seis dias trabalharás; mas no sétimo descansarás, quer na aradura, quer na colheita."

15 – "Guardarás a festa das Semanas [...] e a festa da colheita na passagem de ano."

16 – "Três vezes por ano todo o homem do teu meio aparecerá perante o Senhor [...]."

17 – "Não oferecerás o sangue do meu sacrifício com pão levedado."

18 – "Não ficará a vítima da festa da Páscoa da noite para a manhã."

19 – "Trarás o melhor das primícias para a Casa do Senhor teu Deus."

20 – "Não cozerás o cabrito no leite da sua própria mãe."

Como se vê, é difícil chegar ao número de dez preceitos, mesmo se uníssemos as proposições que tratam do mesmo assunto. O simples fato de que os preceitos estão dispostos na ordem atual pressupõe que não deviam estar juntos, originalmente. Sua preocupação maior é mesmo com o culto e a correta relação do fiel com Deus. Isso faz pensar que essas leis teriam surgido numa época bem posterior a Moisés, numa cultura agrária e quando o culto já estava mais organizado. Pode-se pensar, então, no período davídico ou mesmo salomônico.

Esse pequeno código de leis é uma síntese da visão javista da aliança, conceito que abre e fecha o conjunto de preceitos, como que os emoldurando (vv. 10 e 27-28). Mas é uma aliança que se exprime pelo culto e não pela ética social. A preocupação com o culto se justifica pela necessidade de, naquela época, se preservar a fé javista diante das demais religiões cananeias, com as quais Israel convivia muito de perto, representando um risco constante de desvio. De fato, as prescrições quanto às outras religiões, seguindo a linha do Decálogo Sinaítico, se limitam a proibir suas práticas para Israel, impedindo qualquer tipo de comunhão com elas, com exceção da segunda proposição, que reflete um espírito de intolerância religiosa mais acirrado. Sendo essa a única proposição no conjunto formulada na segunda pessoa do plural, pode-se pensar que foi acrescentada mais tarde.

As seis primeiras proposições se relacionam ao preceito de não ter outros deuses (n. 3). A primeira delas (n. 1) proíbe explicitamente as "alianças" com os povos cananeus, sendo repetida pouco à frente (n. 4), opondo-as à aliança com o único Deus (v. 10), cujo nome aqui é "Zeloso" (v. 14), ou seja, não tolera concorrentes.[11] Usando outro estilo redacional, a quinta proposição indiretamente proíbe comer dos sacrifícios aos deuses (n. 5), supondo que uma aliança com os cananeus poderia favorecer o convite a um israelita para participar de seu culto. Por isso, esse pode não constituir um preceito à parte, e sim ser uma cláusula incluída na proibição mais ampla de alianças, que, por sua vez, explicita o preceito do culto exclusivo ao Senhor. O mesmo se diga da proibição do casamento entre homens israelitas e mulheres cananeias (n. 6), pois as

---

[11] O "nome" aqui é um atributo que identifica a pessoa divina, embora não seja seu único atributo.

alianças políticas podiam ser firmadas também por meio de casamentos entre os pactuantes, como demonstra a narrativa sobre o casamento de Siquém com Dina (Gn 34). A segunda e a sétima proposição explicitam o exclusivismo do culto javista, estabelecendo medidas de combate ao culto pagão: destruir seus altares (n. 2) e não fazer imagens de seus deuses (n. 7).

O preceito sabático é desprovido de qualquer justificativa, seja teológica, seja social (n. 13). A consagração dos primogênitos a Deus inicialmente devia referir-se aos filhos, mas foi ampliada para incluir também os animais (vv. 19-20). E para não ser confundida com o sacrifício de crianças, foi complementada com a lei do resgate dos primogênitos (Ex 34,20c). As três vezes por ano que o fiel deveria "aparecer perante o Senhor" (n. 15), ou seja, ir a um santuário, seriam por ocasião das três festas religiosas a serem guardadas: dos Ázimos, das Semanas ou Primícias e das Colheitas (nn. 8 e 14). Por que a Páscoa não está incluída entre essas três? Porque ela era celebrada em família e não no santuário. Foi a reforma deuteronomista que passou essa festa para o Templo de Jerusalém,[12] relacionando-a com a festa dos Ázimos, que aqui é ligada à saída do Egito no mês de abib (março-abril) (v. 18). A referência ao "sangue do meu sacrifício", que não pode ser oferecido junto com pão levedado (n. 16), logo antes de citar a festa da Páscoa (n. 17), indica que o "meu sacrifício" é o cordeiro pascal, como também entendeu Dt 16,1-8.

A última proposição é um costume cananeu mencionado em Ugarit. Devia ter algum valor religioso, talvez ligado à magia, por isso aparece junto às normas cultuais desse

---

[12] Ver a nota da *Bíblia de Jerusalém* em Ex 23,18.

código.[13] Era necessário evitar qualquer contaminação do culto javista com os cultos cananeus.

O Dodecálogo Siquemita – Dt 27,15-26

Na verdade esse texto contém doze "maldições", repetindo em todas elas a fórmula inicial "maldito seja aquele que..." (com exceção da primeira: "maldito seja o homem que...") e a fórmula final invariável "e todo o povo dirá: Amém". Esse pequeno código de leis está inserido num contexto narrativo que parece combinar duas tradições cerimoniais da região de Siquém: a primeira previa que as tribos (mais provavelmente, representantes de cada uma) se dividissem em dois grupos de seis, postando-se um grupo sobre o monte Garizim, para proferir bênçãos, e outro sobre o monte Ebal, para proferir maldições, ambas relacionadas ao cumprimento da Torah (Dt 27,12-13).[14] A segunda cerimônia, sem lugar determinado, previa que os levitas proclamassem doze maldições, às quais "todos os homens de Israel" responderiam "amém" (Dt 27,14). No entanto, as maldições contidas nesse Dodecálogo pertenceriam à segunda cerimônia e não à primeira, cujas bênçãos e maldições não teriam sido textualmente conservadas, a menos que

---

[13] Ver a nota da *Bíblia de Jerusalém* em Ex 23,19.

[14] Uma informação em Js 8,33 faz pensar que esta cerimônia poderia se dar não no próprio cume dos dois montes, cuja distância entre si é de cerca de 4.400 metros, mas no vale entre eles (onde hoje está a cidade de Nablus, a oeste de Siquém), com o povo se dividindo de um lado e de outro da Arca, tendo um e outro monte atrás de si; "diante do monte" é a posição do povo visto desde o centro, provável situação do redator de Js 8,30-34 (ver nota na *Bíblia de Jerusalém* nesse texto). De todo modo, a expressão "sobre o monte" pode não significar exatamente no seu cume, mas a alguma altura da sua encosta. Quanto à divisão das tribos, tomando-se Siquém como referência, as que deviam ficar do lado do Garizim (ao sul) coincidem em grande parte com as tribos do sul, e as do lado do Ebal (ao norte), com as tribos do norte.

elas sejam o que se lê no capítulo 28 do Deuteronômio.[15] Essa parte narrativa serve de introdução ao código, relacionando-o a Moisés (v. 11) e, por conseguinte, atribuindo a Deus a sua origem (vv. 9-10). Mas a referência a Moisés é um artifício literário: no seu tempo as tribos jamais poderiam estar tão bem definidas e tampouco os levitas já teriam a importância que o texto lhes atribui, conforme Sicre (1992, p. 124).

O que essas fórmulas de maldições têm a ver com leis? Como já foi dito, elas visam coibir determinadas práticas através da ameaça com uma maldição: quem violasse estas normas seria amaldiçoado por Deus. Querem produzir a observância da lei através do temor de um castigo divino. São coercitivas, mas a única pena prevista, a maldição, tem apenas efeito moral, enquanto atinge a consciência religiosa das pessoas. Pelo seu conteúdo, trata-se de normas antiquíssimas, cuja origem deve estar no culto exercido no santuário de Siquém.[16] O primeiro e o último preceito são claramente deuteronomistas e os dez restantes são antigos interditos que têm paralelos no Código da Aliança, que estudaremos na próxima seção, e na camada mais antiga de Lv 18. Eles têm a formulação breve, própria das leis "apodíticas". Somente o primeiro (v. 15) e o sexto preceitos (v. 20) contêm uma breve motivação. "Segundo Von Rad, esta é a série mais antiga de proibições de toda a Escritura judaica e reflete o espírito primitivo da fé e da ética javistas" (SICRE, 1992, p. 124).

---

[15] Segundo a nota da *Bíblia de Jerusalém* em Dt 28,1, esse capítulo fecha todo o código deuteronômico (Dt 12–26), sendo a continuação de 26,19 e 27,9-10. As doze maldições do código siquemita, portanto, seriam um texto à parte, inserido aqui pela importância que deviam ter na região de Siquém e porque se fala de bênçãos e maldições nesse contexto.

[16] Gn 33,18-20 informa que Jacó erigiu um altar em Siquém dedicado a "El, Deus de Israel". Este deve ter sido transformado num santuário local, referido em Js 24,26; como aconteceu depois com Betel (Gn 12,8; 35,3.7.14-15 e Am 7,13).

O Dodecálogo Siquemita tem alguns pontos em comum com o Decálogo Ético: a proibição de fabricar e cultuar imagens de deuses, o respeito aos pais, ao sentido da sexualidade e ao mais fraco e, de certa forma, a proibição de roubar e de matar. Mas é outro conjunto de leis bem diverso daquele. A moral sexual tem especial importância, já que quatro maldições tratam disso (vv. 20-23). As proibições se referem a diferentes casos de incesto e de relações sexuais com animais (zoofilia), mas não abordam a questão do adultério. No aspecto ético social, proíbe-se o desrespeito para com as pessoas fracas, física ou socialmente, que são consideradas uma ofensa ao próprio Deus: os cegos (como em Lv 19,14); os estrangeiros, os órfãos e as viúvas (vv. 18-19). Apesar de não falar explicitamente em "não roubar", amaldiçoa "quem desloca a fronteira do vizinho" (v. 17), uma forma de roubar terra, principal patrimônio numa cultura agrária e já em vias de urbanização. Quanto a "não matar", mais concretamente amaldiçoa "quem fere às escondidas" e "quem aceita suborno para matar um inocente" (vv. 24-25).

Aqui é interessante notar que o Dodecálogo estipula maldições também para práticas feitas às escondidas (vv. 15 e 24). Descobre-se o papel importante da comunidade enquanto instância de construção da consciência individual: na "cerimônia das maldições" a comunidade condena o mal praticado invocando sobre quem o fez a maldição de Deus, mesmo que ela não saiba quem é o seu autor. Dessa forma, mesmo que ninguém esteja presente no momento do mal feito, para depois testemunhar contra o transgressor, pesa sobre este a acusação da comunidade, que não deixará em paz sua consciência. A maldição sobre quem aceita suborno para matar um inocente tem a ver com isso: quem paga para matar quer ficar às escondidas e impune, pois é mais difícil provar quem foi o mandante do crime. Da maldição de Deus, porém, expressa pela comunidade, ele não escapa! O ritual comunitário é para não deixar adormecer a consciência do indivíduo que age às escondidas. O "amém" do povo expressa a sua aceitação do preceito e ao mesmo tempo ratifica a eficácia da maldição divina que pesa sobre o autor do crime. Em se tratando da comunidade de fé abraâmica, cuja promessa de bênção é o centro da Aliança, destinar alguém à maldição divina significava uma punição terrível – situação, aliás, dos "inimigos" de Abraão (Gn 12,2-3). Corresponderia a uma total exclusão da promessa. Para um "filho de Abraão" não havia nada pior do que isso!

Hoje em dia se prefere mesmo recorrer à prisão ou à penas alternativas ou, ainda, a pesadas multas como meios mais eficazes de punição, e com isso coibir a prática do crime. Só amaldiçoar o criminoso ou rogar-lhe uma praga não tem mais efeito para conter a prática da criminalidade. Como se diz, "as pessoas perderam o temor de Deus". Mas o que pensa a coletividade a respeito de certos crimes continua sendo importante para se cultivar o senso de justiça: quando hoje acontecem crimes que causam estupor nas pessoas, sobretudo os que envolvem a perda de vidas humanas, é comum que representantes dos povos, quer políticos, quer religiosos, e também grupos e movimentos sociais organizados manifestem publicamente seu repúdio a esses crimes, reforçando na sociedade o consenso em torno da ideia de que tais atrocidades jamais serão aceitas. Tal manifestação de repúdio é não só esperada, mas até mesmo cobrada. O clamor por justiça obriga o empenho das autoridades para que os crimes sejam esclarecidos e os culpados identificados e punidos "segundo os rigores da lei".

O Código da Aliança – Ex 20,22–23,19

No capítulo 2 já entendemos os motivos pelos quais novas leis têm que ser elaboradas, com o passar do tempo. O "Decálogo Ético" e o "Dodecálogo Siquemita" tratavam de questões fundamentais para a convivência pacífica entre as pessoas. Mas com o desenvolvimento e o progresso da sociedade e com a evolução do pensamento, com as mudanças culturais, surgiram muitas lacunas na legislação, considerando-se toda a complexidade do cotidiano de Israel. Era preciso, pois, compilar leis mais específicas que, partindo daqueles princípios gerais, pudessem ser aplicadas nos casos mais comuns do dia a dia. O "Código da Aliança" foi a primeira tentativa de se concretizar mais a legislação antiga, muitas vezes ainda genérica. Por isso, muitas normas dos códigos anteriores são repetidas neste novo conjunto de leis, inclusive com algumas explicações ou exemplos. Sicre (1992, p. 125) situa a sua compilação entre os séculos XII e IX a.E.C., período em que sofreu diversas alterações.

O "Código da Aliança" aparece num lugar de honra na Bíblia – logo depois do Decálogo Sinaítico – e se une a este apenas pela expressão: "O Senhor disse a Moisés: 'assim dirás aos filhos de Israel'" (Ex 20,22). Tal posição privilegiada tem uma razão profunda: a Aliança é o seu "grande e necessário contexto", a busca de concretização da "comunhão com Deus na existência dos simples e humildes de Israel", nas palavras de Georges Auzou (apud SICRE, 1992, p. 126). O seu conteúdo é variado, justamente por contemplar as mais diversas situações concretas da vida, e os temas estão dispersos ao longo do texto, embora se perceba certa intenção de aproximar temas ou expressões similares. As prescrições cultuais abrem e fecham o código, indicando que o culto ao Deus que "falou do céu" ao povo no Sinai é o seu pano de fundo, seu fundamento teológico e sua garantia de autenticidade. Quer dizer que as leis sociais e econômicas que ele abarca são indissociáveis de sua visão religiosa, o culto autêntico não está desligado de uma ordem social e econômica que seja coerente com o projeto libertador do Deus que se revelou no Sinai.

Nesse sentido, esse código é tão ou mais ético que o Decálogo que o precede. Tem preferência pela forma casuística, apresentando diversos casos possíveis, introduzidos com a preposição "se", mas contém também várias leis na formulação direta, imperativa (apodíticas). A seguir apresentamos esse conteúdo de forma organizada, com alguns comentários, ajuntando os temas similares que estão dispersos no corpo do código.[17]

Conteúdo e comentário

Introdução (Ex 20,22): liga ao Decálogo as leis que vão ser promulgadas e evoca as manifestações teofânicas do Sinai relatadas em Ex 19 como razão para obedecer a estas normas: "vistes como vos falei do céu". O fundamento de toda norma em Israel é sempre teológico, pois não há separação entre o campo religioso e os campos social, econômico e político. Não existia a noção do Estado arreligioso, secular, "laicista", como hoje.

a) Leis cultuais
- Exclusividade do culto ao Senhor (Ex 20,23). O uso do "vós" indica que essa redação é mais recente do que o

---

[17] Também aqui seguimos de perto Sicre (p. 125).

primeiro mandamento do Decálogo, que usa sempre o "tu". A proibição de fabricar "deuses" vai além da questão das imagens. Está em jogo o que o Senhor representa para o povo que o cultua. Primeiramente, ele não quer outros deuses "ao seu lado", como se ele fosse mais um entre os demais. O Senhor não é "um deus qualquer", mas aquele cuja presença na caminhada do povo se manifestou de forma incontestável. Depois, "prata" e "ouro" representam não apenas o material de que são feitas essas representações da divindade, mas também a riqueza e a prosperidade econômica que o fiel espera obter do deus em que confia. Essas coisas podem se transformar em "ídolos", pois a pessoa passa a canalizar todos os seus esforços e a orientar toda a sua vida para a acumulação de riqueza. Uma vez que, na sociedade, o poder fica nas mãos dos mais ricos, os pobres se tornam vítimas desse sistema explorador. Além do mais, são excluídos do acesso aos bens produzidos, os "deuses de prata e de ouro", são exatamente a riqueza e o poder que dominam o coração humano e o levam a dominar e explorar os outros. É a idolatria do dinheiro. O Deus Libertador não compactua com tal culto, porque leva necessariamente à injustiça. Daí, a proibição de qualquer representação física do Divino ("aniconismo") para Israel reforça o mandamento da exclusividade de seu culto ao Deus que se revelou no Sinai: é o Senhor que o libertou "da casa da servidão" (Ex 20,2).

- Leis sobre o altar (Ex 20,24-26). Ao invés da prata e do ouro de que são feitas as representações dos "deuses", o Deus de Israel quer para si o máximo de simplicidade.

Assim, o altar representará a relação entre o fiel e Deus, por meio das ofertas e sacrifícios sobre ele realizados. Este deverá ser de terra, talvez de barro ou, quando muito, de pedras brutas, não trabalhadas pelo cinzel, para evitar qualquer tentação de se dar a elas alguma forma, em respeito ao mandamento anterior. Essa cláusula sobre o altar, portanto, tem seu núcleo no primeiro mandamento do Decálogo, sendo um desdobramento prático deste. Interessante é o cuidado com o pudor, já que geralmente o altar ficava num nível bem acima do povo, ao qual o oficiante subia vestido apenas de uma saia curta (v. 26).[18] Para cumprir essa prescrição, provavelmente ele teria acesso ao altar pelo lado oposto ao que se encontrava o povo.

- Lei contra a feitiçaria, o culto a outros deuses, a blasfêmia contra Deus, associada à maldição contra um chefe do povo (Ex 22,17.19.27). Todo risco de desvio do javismo para as religiões pagãs deveria ser evitado. Para isso, várias medidas foram tomadas: inicialmente, pensava-se ser suficiente proibir o culto aos outros deuses, seus rituais, o uso das imagens a ele associadas e as alianças e casamentos com estrangeiros (cf. o "Decálogo" Cultual). Na medida em que isso parece não ter evitado o sincretismo, mais tarde medidas mais drásticas precisaram ser tomadas: destruir os seus lugares e símbolos religiosos – imagens, altares, estelas; mandar embora as esposas estrangeiras e os filhos delas (Esd 10,3.44), eliminar também os seguidores desses cultos, como em Ex 32,27-28 e,

---

[18] Ver a nota da *Bíblia de Jerusalém* em Ex 20,26.

principalmente, seus promotores: sacerdotes, profetas, adivinhos e feiticeiros (como aqui e em 1Rs 18,40). Até mesmo a menção do nome desses deuses foi proibida (ver a seguir). Note-se a associação do respeito devido a Deus com o respeito a uma autoridade política: já se pensava que o chefe seria um representante divino, e que nunca mereceria ser amaldiçoado, mesmo que cometesse uma grande injustiça? O caso de Nabot, acusado falsamente de "amaldiçoar a Deus e ao rei", e por isso apedrejado até a morte (1Rs 21,10.13), é um triste exemplo de a que ponto chegou essa associação perigosa.

- Lei que proíbe o coito com um animal (zoofilia) (Ex 22,18). Essa proibição de ordem sexual não se limita ao seu aspecto moral, mas está relacionada à noção de pureza exigida para o culto, conforme Lv 18,23ss, onde uma série de proibições sexuais faz parte da grande "Lei de Santidade" (o "Código Sacerdotal"), que tem no culto ao Deus Santo sua máxima expressão, justificando tais restrições.

- Lei sobre o prazo para as oferendas e sobre a consagração dos primogênitos de homens e de animais (Ex 22,28-29). Note-se a cláusula atenuante do que poderia representar uma crueldade: a criança ou a cria do animal não poderá ser separada da mãe antes de sete dias. A proximidade dessas duas leis pode ser explicada pelo fato de que, por um lado, a demasiada demora em apresentar as oferendas da colheita abundante, que gerava uma sobra ("supérfluo"), poderia significar falta de gratidão, por parte da pessoa, ao Senhor e também um apego aos bens materiais. A lei estabelece que a oferta devida teria de ser entregue logo, para que a pessoa não acabasse deixando para lá e incorresse nessas atitudes, ambas reprováveis. Por outro lado, a pressa em cumprir a lei da consagração dos primogênitos pode ter levado alguns exagerados a tomarem seus bebês ou os filhotes dos seus animais imediatamente após nascidos para apresentá-los a Deus (no caso dos animais, sacrificando-os), o que poderia durar vários dias de viagem, dependendo da distância do santuário. Separar mãe e filho assim tão cedo representaria uma crueldade! A lei estabelece um tempo mínimo para que a mãe não só cuide mas também "curta" o filho: sete dias. No entanto, esse número pode ser lido simbolicamente, no sentido de um ciclo que se conclui. Nessa linha, é interessante o voto de Ana a respeito de seu filho Samuel: só depois de desmamado é que o menino foi levado ao santuário para ser consagrado a Deus por todos os dias da sua vida (1Sm 1,11.21-24).

- Lei que proíbe de comer a carne de um animal dilacerado por uma fera (Ex 22,30). Única que utiliza o verbo no plural nesse código, esta deve ser uma lei bem posterior às demais. Não se fala aqui explicitamente de "puro" ou "impuro", mas a justificativa "sereis para mim homens santos" já prepara o terreno para se associar a proibição de certos alimentos à noção de "santidade" como pureza. No fundo trata-se de uma medida sanitária, já que tal carne poderia estar contaminada, sendo de fato imprópria para o consumo humano, mas a noção de "santidade" aí está intrinsecamente unida à de "sanidade", ou seja, Deus quer o ser humano sadio, são, e para isso uma sadia alimentação e uma correta higiene são fundamentais. A santidade como "pureza moral" é um desenvolvimento ulterior dessa compreensão mais concreta da integridade da pessoa. Retomaremos essa prescrição quando abordarmos o "Código sacerdotal", onde esta prescrição foi reeditada com explícita referência à impureza e à questão moral do pecado e da culpa.

- Lei que proíbe falar de outros deuses (Ex 23,13). A exclusividade de invocação ao Senhor exigia até mesmo proibir a simples menção dos nomes dos deuses dos pagãos (Js 23,7), uma vez que a palavra dita, por si só, já atrairia o ser invocado, como se o estivesse chamando. É por isso que, até hoje, muitas pessoas carregam esse escrúpulo religioso e evitam falar certos termos "pesados", como "desgraça" e, principalmente, os nomes Satanás, Capeta ou Demônio, substituindo-os, quando necessário identificá-los, por "Coisa Ruim", "Sujo", "Tinhoso", "Cão", "Feio", "Inimigo", "Mal", "Aquele que eu nem quero falar o nome" etc., por receio de que ele se apresente de fato.

- Leis sobre as três principais festas anuais: dos Ázimos, da Messe e da Colheita (Ex 23,14-17). A festa da Messe corresponde à das Semanas no "Decálogo" Cultual. Nas três ocasiões, o fiel precisava levar alguma oferta a ser apresentada "diante do Senhor". Aqui não se pensa ainda no santuário único de Jerusalém, mas em qualquer santuário local onde o nome do Senhor fosse invocado, em vários lugares do país.

- Leis sobre as oferendas: não misturar o sangue do animal oferecido com o pão levedado; queimar toda a parte de Deus (a gordura) no mesmo dia da festa; oferecer a Deus as primícias dos frutos da terra; não cozer um cabrito no leite de sua mãe (Ex 23,18-19). Estas prescrições repetem as do "Decálogo" Cultual.

b) Leis sobre os crimes contra a pessoa e o patrimônio
- Leis contra o homicídio (Ex 21,12-17). A pena prevista para esses casos é a morte do infrator, com exceção do homicídio não intencional (culposo), para o qual será prescrita uma "cidade de refúgio", ou seja, estabelece-se uma garantia legal de proteção do homicida involuntário contra o vingador do sangue.

- Lei contra a agressão física ou ofensa grave ("amaldiçoar") aos pais (Ex 21,15.17). Ambas as atitudes são consideradas crimes compatíveis com o homicídio doloso, aquele premeditado, em que há a intenção de matar, pois também para elas se estabelece a pena de morte. O respeito para com os pais é sagrado na religião israelita. Porém, enquanto no Decálogo "honra teu pai e tua mãe" é uma lei propositiva, incentivada por uma promessa de longevidade para quem a cumpre, aqui ela é coercitiva, estabelecendo a pena máxima para quem desonrar os pais.

- Lei sobre homicídio não intencional perpetrado a um ladrão (Ex 22,1-2). Quando alguém ferisse um ladrão que estava arrombando um muro, supostamente para roubar animais, e este viesse a morrer em consequência do ferimento, a situação do autor do crime dependia das circunstâncias: se fosse à noite, ficaria configurado o cenário de tentativa de roubo, e quem feriu o ladrão não seria culpado da morte deste; mas, se fosse à luz do dia, seria mais difícil configurar tal cenário, pois se poderia tomar por ladrão um operário fazendo reparos no muro ou abrindo uma porta ali a pedido do dono. Também se podia pressupor que ninguém teria coragem de roubar em plena luz do dia... Nesse caso, quem feriu a pessoa seria declarado homicida sem intenção de matar e ficaria sujeito à pena prevista para esse tipo de homicídio.

- Lei contra o sequestro e o tráfico de pessoas (Ex 21,16). A prescrição da pena de morte também para esses casos coloca tais crimes no mesmo patamar do homicídio doloso. Vê-se aqui o grande peso que tem a liberdade da pessoa humana nesse código: tirar-lhe essa liberdade é o mesmo que matá-la.

- Leis de indenizações por danos físicos em geral (Ex 21,18-36). Contempla casos de violência física, seguida de morte (homicídio não intencional) ou não, bem como de acidentes com morte ou não, causados por descuidos em relação à segurança e à integridade física dos outros. São leis na forma casuística, que servem de "leis complementares" ao princípio geral de não matar. As circunstâncias são tão diversas que, de fato, é preciso ver caso por caso. Entra aqui a famosa "lei do talião": "olho por olho, dente por dente" (Ex 21,23-25). A série de sete equivalências, vida por vida, olho por olho, dente por dente..., é uma insistência no equilíbrio almejado entre dano causado e pena imposta. Essa concepção de justiça, já presente no Código de Hamurabi (cerca de 1750 a.E.C.) e nas leis assírias, muito antes da Bíblia,[19] é representada, na iconografia da Justiça, pela imagem da balança equilibrada.

- Lei sobre a sedução de uma virgem ainda não prometida em casamento (Ex 22,15-16). Esta lei precisa ser entendida à luz da prática matrimonial e da situação da mulher na sociedade israelita: quando se selava o acordo entre o pai da moça e o pretendente, já se firmava o pacto matrimonial e ela passava da condição de solteira à de "prometida em casamento", pertencendo, assim, ao futuro marido, embora ainda sem coabitar com ele. Esta situação permanecia até que as bodas fossem celebradas algum tempo depois, passando os dois a coabitarem.

Os crimes sexuais envolvendo uma virgem "prometida" se encontram no Código Deuteronômico, que veremos na próxima seção. É preciso também perceber uma sutil distinção entre a sedução e o estupro. Seduzir e estuprar são sempre um abuso; a diferença está na estratégia adotada pelo agressor: a sedução envolve o engano, em que o homem vai enredando a mulher até conseguir o que quer; o estupro envolve a força, em que o homem agarra a mulher de assalto e, valendo-se de sua superioridade física ou da coerção de uma arma e de ameaças, a violenta.[20] A sedução dá uma certa margem para o consentimento, na medida em que a mulher pode perceber onde o homem quer chegar e daí aceitar "entrar no jogo dele" ou se recusar. Então, o jogo da sedução pode visar a que a

---

[19] Ver a nota da *Bíblia de Jerusalém* em Ex 21,25.

[20] O caso de Amnon e Tamar ilustra bem como ele passou subitamente da tentativa de convencê-la a se deitar com ele – tentativa frustrada pela sensatez dela – ao estupro, aproveitando-se da situação armada, e daí ao total desprezo por ela (2Sm 13,1-18).

relação seja consensual, mas pode também representar um engano, uma armadilha em que a mulher cai, e é nesse momento que o sedutor irá tirar proveito da situação. Um exemplo disso nos dias de hoje pode ser observado quando um homem galanteador oferece presentes, vantagens, prometendo "mundos e fundos" e, ao conseguir o que desejava da mulher, simplesmente desaparece. É nesse aspecto que a sedução se torna uma violência, sobretudo quando a mulher não tem ou não está em gozo de suas capacidades psicológicas, emocionais, morais e de raciocínio para tomar decisões e se responsabilizar por elas. Já o estupro se configura sempre como violência brutal.

Voltando ao Código da Aliança, contempla-se aqui um caso de sedução e não de estupro.[21] Na dificuldade de se provar até que ponto pode ter havido algum consentimento por parte da moça ou não, a decisão do que fazer competia ao pai (embora nada impedisse que ele, nesse caso, ouvisse a opinião da filha), pois sempre era ele quem decidia o destino das filhas. A primeira opção era o homem pagar o dote estabelecido pelo pai e casar-se com a jovem. Essa opção contemplava a possibilidade de ele estar de fato interessado na moça. Este foi o sentimento de Siquém em relação a Dina, em Gn 34,1-19. A outra opção era o pagamento de uma indenização (o que seria hoje os "danos morais") no mesmo valor do "dote das virgens", isto é, o mesmo valor que o pai estipularia, se fosse casar a filha.[22] Portanto, nestes termos a lei não obrigava ao

---

[21] O estupro será explicitamente citado numa lei semelhante em Dt 22,25-29.

[22] Pressupondo que toda jovem solteira devia ser virgem para casar-se, pode-se entender o "dote das virgens" como o valor normalmente exigido para o casamento. Tal valor, decidido pelo pai da jovem (Gn 34,11-12) ou, na sua ausência, pelos irmãos dela (Ct 8,8), normalmente era compatível com seu patrimônio: para casar-se com moça rica, o pretendente teria que pagar um dote muito alto. O caso mais emblemático de dote caro é o dos dois casamentos de Jacó (Gn 29,15-30). Os irmãos da jovem do Cântico dos Cânticos fazem as contas, pensando em inflacionar o valor

casamento, que incluiria o dote, mas impunha o pagamento da indenização no valor desse dote, caso a opção fosse por não casar os dois.

Do ponto de vista social, a situação de uma virgem "não prometida", isto é, ainda solteira, e que fora vítima de abuso sexual era desesperadora porque dificilmente encontraria marido, o que no contexto da época significaria não só ficar totalmente sem amparo social quando seu pai morresse, como também sentir-se inteiramente excluída numa sociedade onde a mulher só teria identidade, só seria alguém, se tivesse marido (ver Rt 1,8-13). Ao estabelecer a opção de o homem assumir a moça a quem seduziu – e isto significava casar-se com ela –, esta lei visava garantir pelo menos as condições sociais às quais a mulher tinha direito. Isso corresponde de certo modo à pensão alimentícia de hoje, em que, mesmo não havendo relação afetiva entre um casal que tem filho(s), a lei defende o direito da mulher de receber do ex-parceiro certa quantia, em benefício da(s) criança(s). Interessante é que, no caso bíblico, isso tinha de ser garantido mesmo que não houvesse gravidez decorrente do ato. Para a mentalidade de hoje, em que o casamento se baseia numa decisão livre e consciente de ambas as partes que declaram amar-se, a solução proposta nesse código seria totalmente absurda. Daí a importância de se contextualizar as leis bíblicas.

- Leis de indenizações por danos ao patrimônio, seja por roubo, negligência, ou descuido de alguém (Ex. 21,37; 22,2b-14).

---

do dote, mas ela considera que dinheiro nenhum comprará o seu amor (Ct 8,7b). No código deuteronômico esse dote é fixado em 50 siclos de prata (570 gramas): Dt 22,29. Já para as outras mulheres, o casamento não envolvia dote.

c) Leis sociais

- Leis trabalhistas (Ex 23,10-12). A questão sobre o sábado e o ano sabático assegura o direito ao repouso semanal e às "férias" a cada sete anos; preocupação com a assistência social aos necessitados e com a preservação da natureza, fauna e flora. Nessa legislação não se pensa o preceito sabático a partir de um caráter religioso, mas tão somente a partir do seu caráter social, por assim dizer "laico": todos têm direito ao descanso, inclusive os animais e a própria terra.

- Leis sobre os escravos (Ex 21,1-11). A preocupação com o problema da escravidão revela uma situação social muito posterior a Moisés, pois, como poderia um povo, que com muito custo conseguiu sair da "casa da escravidão", pensar que um dos seus viria a tornar-se escravo de um compatriota, ou que alguém em seu meio chegaria a vender a própria filha como escrava a outro israelita? Esta lei não questionou isso, mas tentou minimizar o problema com a obrigação de se libertar o escravo no sétimo ano, sem que tivesse de pagar alguma coisa ao patrão. Esta disposição legal faz pensar que o sistema de escravidão por dívida tornou-se uma realidade em Israel. Era consequência direta da exploração econômica em que o pobre, não conseguindo quitar suas dívidas, tinha que vender sua terra e, em pouco tempo, acabava tendo que trabalhar como escravo para pagá-la.

Há que se perguntar como é que o pobre se endividava tanto, para chegar a esse ponto. O motivo disso, claro, não é irresponsabilidade na gestão de seu patrimônio, fundamentalmente a terra, a sua "herança". Basicamente duas eram as causas do endividamento dos pobres em Israel: internamente, a exploração do seu trabalho e de seus bens pela elite dominante, a saber, os grandes proprietários de terra e os grandes comerciantes – fato esse denunciado por Amós (Am 5,10-13) e que era motivo de queixa por parte dos camponeses no tempo de Neemias (5,1-13) –, e, principalmente, pelo rei, através da política de impostos;[23] externamente, a cobrança de tributos, como forma de vassalagem, pelos reis estrangeiros que se impunham militarmente, aumentando seu império.[24] Num "efeito cascata", o rei estrangeiro cobrava do rei israelita, que cobrava das elites ricas, que cobravam dos trabalhadores pobres. Como estes últimos rapidamente se viam sem condições de arcar com os tributos, não lhes restava outra opção a não ser pedir emprestado a quem detinha um patrimônio maior, penhorando suas terras; mas, na medida em que seu produto era insuficiente e os impostos aumentavam, sua dívida só crescia. Daí, tinham que entregar ao credor sua terra, seu último patrimônio, muitas vezes trabalhando como escravos aí mesmo, para pagar sua dívida. Pelo visto, devia ser comum os patrões acharem que tinham direito de cobrar dos trabalhadores o alimento, a roupa, a moradia, as ferramentas e o uso da terra, caso estes quisessem negociar sua liberdade. Esta lei, portanto, defende o trabalhador contra a exploração por parte do patrão, pelo menos em parte, ao estabelecer que no sétimo ano aquele sairá sem ter que pagar nada. Quanto à mulher, a lei estabeleceu um tratamento diversificado para sua "saída" no sétimo ano, visando coibir o costumeiro abuso por parte

---

[23] Cf. 1Rs 12,1-4; Mq 3,1-4.
[24] Cf. 2Rs 17,3-4; 23,33.35.

do homem, da qual ela facilmente se tornava vítima, naquela sociedade patriarcal.

- Lei de proteção à integridade física do escravo (Ex 21,26-27). Esta lei apresenta uma surpreendente disposição: um olho ou mesmo um único dente que o escravo venha a perder por causa de um castigo aplicado pelo patrão seria motivo suficiente para ele ganhar sua liberdade. Tal medida visava, com certeza, de um lado coibir os excessos nos castigos corporais infligidos ao escravo e, de outro, compensar sua invalidez com a liberdade. Ante a "lei de talião", essa lei representa um grande avanço na compreensão do valor da pessoa humana, já que tanto um olho quanto um dente perdido eram danos irreparáveis. Mesmo que um simples dente faltando não constitua invalidez nem inaptidão para o trabalho, a falta de um olho tampouco, embora seja mais grave, ao estabelecer a liberdade do escravo como direito nesses casos a lei eleva a um patamar bem alto a integridade física da pessoa, tida como um bem a ser protegido ao máximo.

- Leis que promovem a educação para a cooperação e a solidariedade (Ex 23,4-5). Nem toda lei é coercitiva. Aqui está um exemplo de lei propositiva, que visa produzir no indivíduo uma cultura da solidariedade. Tal atitude, no entanto, não nascerá simplesmente de uma disposição legal, mas de uma disposição interior, cuja fonte é o amor ao próximo. A "parábola do bom samaritano" (Lc 10,25-37) ilustra magistralmente uma radical maneira de levar bem mais longe o espírito solidário que inspirou essa lei.

d) Leis econômicas
- Leis contra a exploração econômica dos mais fracos; proibição da cobrança de juros; regulação da penhora (Ex 22,20-26; 23,9).

e) Leis processuais
- Leis sobre o exercício da justiça: contra o falso testemunho nos processos (perjúrio), a parcialidade nas sentenças, o favorecimento (do rico) em prejuízo do direito do pobre, as condenações e absolvições injustas ou a aplicação de sentenças incabíveis, o suborno (Ex 23,1-3.6-8).

O Código Deuteronômico – Dt 12–26

Este é o conjunto de leis mais extenso da Bíblia. É complexo, sobretudo porque mistura muito leis e exortações, insistindo na sua observância, além de misturar os temas. Veio completar ainda mais a legislação anterior e atualizá-la com emendas e novas leis. Não é fácil explicar o processo de sua formação, mas, hoje em dia, a maior parte dos estudiosos aceita que a primeira redação desse código acontecera no Norte, no Reino de Israel, por mãos de levitas que, com o objetivo de celebrar e renovar a Aliança, liam para o povo as suas cláusulas.

Quando o Reino de Israel desapareceu, em 720 a.E.C., muitos desses levitas teriam migrado para o Reino de Judá, no Sul, levando consigo cópias do que seriam "os estatutos e as normas de Deus para seu povo". Aí, sobretudo em Jerusalém, o código teria ganhado novos acréscimos. Pode ter ajudado na reforma religiosa promovida por Ezequias, rei de

Judá (716-687), mas a política pró-paganismo dos dois reis ímpios e tiranos que sucederam a esse rei teria provocado o desaparecimento dos escritos, que ficaram providencialmente "perdidos" no Templo de Jerusalém até o reinado de Josias (640-609). Nessa época, o "livro da Lei do Senhor" foi reencontrado, quando se fazia a reforma do Templo. Josias, tomando conhecimento dessas normas, muitas até então desconhecidas ou esquecidas, promulgou-a como "Constituição de Israel" (2Rs 18,1-23,30). Depois da época de Josias, o código ganharia ainda outras redações. A grande extensão do material desaconselha que todo o conjunto seja aqui analisado minuciosamente, como fizemos com o Código da Aliança. Limitamo-nos a chamar a atenção para dois aspectos: as leis que representam uma atualização ou adaptação de normas anteriores e aquelas que são novidade em relação ao "Código da Aliança".

a) Para ilustrar a atualização de leis antigas, basta citar estes exemplos, entre outros

- Dt 15,13-14: o Código da Aliança determinava a libertação de um escravo israelita após sete anos de trabalho; agora, acrescentou-se a obrigação de o patrão pagar-lhe uma "indenização por tempo de trabalho".

- Dt 16,1-8: a celebração anual da Páscoa, antes prescrita para o âmbito familiar, passou a ser de âmbito comunitário, limitada ao Templo de Jerusalém, influenciada pela política de centralização do culto no tempo do rei Josias, de Judá.

- Dt 22,23-27: a lei contra os abusos sexuais envolvendo uma jovem "prometida em casamento", portanto, já pertencente ao futuro marido, recebeu distinções circunstanciais, visando estabelecer se se trata de adultério ou de estupro, evitando, assim, uma condenação injusta da mulher. De fato, são dois crimes bem diferentes, por isso mesmo contemplados com dois mandamentos distintos no Decálogo Sinaítico. No adultério a mulher é cúmplice, pois, pressupõe mútuo consentimento, enquanto no estupro a mulher é vítima. Como distingui-los no tribunal? Pelo Código Deuteronômico, o adultério só ficava caracterizado se o fato tivesse acontecido na cidade, se o casal fosse pego em flagrante e se a mulher não tivesse gritado por socorro. Nesse caso, a sentença era a pena de morte, para ambos, por apedrejamento.

O ponto falho dessa lei era não contemplar a possibilidade de a mulher ter sido ameaçada de morte, caso gritasse, nem de ela ter gritado sem ter sido ouvida ou, ainda, de que quem a tivesse ouvido não estivesse ali para defendê-la. Caso a mulher gritasse por socorro e de fato fosse ouvida, mesmo que não socorrida, poderia contar com uma testemunha a seu favor "na porta da cidade", onde acontecia o julgamento, e aí estaria configurado não um adultério, mas um estupro verdadeiro e próprio. Nesse caso, só o homem era condenado à pena de morte e a mulher, inocentada. Mas se o fato tivesse acontecido no campo, onde a mulher dificilmente seria ouvida se gritasse, não haveria como comprovar o adultério e o caso era enquadrado como estupro, com a consequente condenação do agressor à pena de morte. Tais disposições complementavam a lei mais antiga do Decálogo, que não estabelecera a pena para quem cometesse adultério nem para quem, cobiçando a mulher do próximo, quer casada, quer "prometida em casamento", chegasse a violentá-la.

- Dt 22,28-29: quando o Código da Aliança legislou sobre o abuso sexual de uma moça solteira (Ex 22,15-16), deixou algumas "brechas" e lacunas que poderiam criar empecilhos à aplicação da lei, tornando insolúveis certos casos concretos, ou mesmo que poderiam gerar injustiças. Primeiro, ao utilizar o verbo "seduzir", deixou uma brecha para que o homem alegasse o consentimento da mulher, descaracterizando o que poderia ter sido um estupro, alcançado pela artimanha do engano à jovem, mitigado pelo pretenso "jogo de sedução". Segundo, não considerou o caso real de um estupro como violência à mulher. Terceiro, não estipulou o valor do dote, deixando margem para a falta de acordo. Quarto, ao estabelecer que o valor do dote fosse arbitrado pelo pai da moça, deixou larga margem para a exploração, com o "superfaturamento" do seu valor. Quinto, não diz nada sobre as provas do crime nem sobre testemunhas que pudessem configurar um abuso ou um ato consensual, deixando margem para interpretações subjetivas. Sexto, não considerou a possibilidade de o sujeito se casar "pró-forma" e depois se divorciar da mulher, deixando-a em situação complicada.

O Código Deuteronômico, então, tentou corrigir essas lacunas: fala explicitamente de estupro ("agarrar"), estabelece a necessidade de provas e testemunhas, ao exigir que o acusado seja pego "em flagrante", estipula o valor de 50 siclos de prata (570 gramas) para o dote, impede que o sujeito mande a mulher embora, por toda a sua vida. Apesar de não facultar mais ao pai da jovem a opção pelo não casamento, em troca do pagamento da indenização no valor do dote, como dispunha o

Código da Aliança, a intenção da lei deuteronômica é garantir um benefício social vitalício para a vítima, pois a jovem não mais virgem dificilmente conseguiria um casamento, ficando estigmatizada na sociedade. Receber o dote e ainda reter a filha consigo seria mais vantajoso para o pai, ficando a filha prejudicada socialmente, sem um marido.

- Dt 23,8: a lei de proteção aos estrangeiros do Código da Aliança ganhou uma cláusula específica no Código Deuteronômico, versando sobre a bondade para com os egípcios (nessa época, a relação com o antigo país opressor dos hebreus devia estar muito boa...).

- Dt 26,5-9: ao dever de entregar as primícias, o Código Deuteronômico acrescentou uma profissão de fé que deveria ser recitada durante a oferenda.

b) Temos os seguintes exemplos de novas leis acrescentadas, entre outros[25]

- Dt 12,1-16: lei da centralização do culto em Jerusalém. Esta lei é importantíssima para se compreender todo o teor da Obra Deuteronomista, que avalia a história de Israel segundo o critério de ter obedecido ou não a ela. É improvável que os levitas do norte já ensinassem isso, um século antes de Josias, a um povo que se separara do reino de Judá justamente por ter sofrido a exploração por parte de seu rei (1Rs 12). De fato, a fórmula "o lugar que Deus houver escolhido para aí fazer habitar o seu nome" (e outras fórmulas similares) se referia inicialmente aos distintos lugares do país

---

[25] Seguimos Sicre (p. 127). Recomendamos ler também GRUEN, Wolfgang. *O tempo que se chama hoje*. São Paulo: Paulinas, 1977, pp. 119-120.

onde havia legítimos altares ou santuários israelitas (Jr 7,12 fala de Silo).

O culto exclusivo ao Senhor nesses lugares, geralmente erguidos em elevações, como os montes Ebal e Garizim, e como Silo, Betel, Ramá (leia-se 1Sm 9,12) etc., é o que iria distingui-los dos "lugares altos" onde os cananeus prestavam culto a seus deuses, os baalim. Estes lugares eram inicialmente tolerados, mas a reforma deuteronomista decretou que deviam ser destruídos (Dt 12,2-3), fazendo eco ao Código Cultual (Ex 34,13), mas juntando a eles os demais santuários e altares fora de Jerusalém, acusados agora de terem resvalado para a idolatria.

O "lugar escolhido pelo Senhor" será identificado com Jerusalém justamente quando o Reino de Israel já não existia e só restava o pequeno reino de Judá. Ademais, a unificação religiosa em torno de um único santuário servia ao interesse de unificação política de Josias (ler a nota da Bíblia de Jerusalém, em Dt 12,2).

- Dt 12,16.23-25: lei cultual que permite abater animais para consumo da carne "nas tuas cidades", desde que estejam bem longe do "lugar que o Senhor houver escolhido", ou seja, Jerusalém (v. 21), mas que proíbe de comer o sangue dos animais abatidos. Qualquer abate de animais tinha um aspecto de imolação sacrifical.[26] Aqui se faz uma distinção ritual: como sacrifício, qualquer animal só seria abatido/imolado no único santuário autorizado, evitando-se assim qualquer sombra de culto fora do Templo de Jerusalém.

---

[26] O verbo *zabah*, utilizado no v. 21, significa tanto imolar para um sacrifício quanto abater para o consumo.

O Código Sacerdotal será mais explícito quanto a isso (ver a seção seguinte). Mas isso significava que quem morasse na capital ou muito próximo a ela não poderia abater seus animais para consumo, daí só poderia consumir a carne abatida no Templo... Estava garantida a "reserva de mercado" para o consumo da carne excedente, nos períodos de maior oferta de sacrifícios.

Da carne abatida para o simples consumo poderia comer tanto a pessoa pura como a impura, inclusive juntas, já que tal ato não tinha valor cultual. Quanto ao sangue, ele representa a vida, a alma de todo ser vivo, tendo, pois, um altíssimo valor sagrado. A proibição radical de seu consumo se explica pela sua ligação com a sacralidade e a inviolabilidade da vida. A reserva de todo sangue para Deus é uma forma de proteger a vida. Tal respeito será levado ao extremo de se declarar "impuro" (isto é, "profanado") tudo e toda pessoa que tiver qualquer contato direto com o sangue. Por isso, todo derramamento de sangue, todo homicídio, toda violência à vida será cobrada por Deus (cf. Gn 9,4-6 e a nota da Bíblia de Jerusalém, em Lv 1,5).

- Dt 14,1-21: lei cultual listando os animais comestíveis (puros) e não comestíveis (impuros).
- Dt 15,1-11: lei econômica: o perdão das dívidas a cada sete anos (ano sabático).[27]

Dt 17,14-20: leis políticas para a eleição do rei e seu "código de ética". O rei não deixa de ser "irmão" dos demais israelitas. Comparar com 1Sm 8,10-17.

---

[27] Note-se a flagrante contradição entre os vv. 4, 7 e 11.

- Dt 20,1-9: leis políticas sobre a guerra e os direitos dos soldados (ver também 24,5).
- Dt 20,15-18: lei política de guerra, destinando ao anátema (*herem*) os povos cananeus.[28]
- Dt 20,19-20: lei ambiental para a preservação das árvores.
- Dt 21,15-17: lei social permitindo a poligamia; direitos do primogênito.
- Dt 21,22-23: lei de execução penal: disposições sobre o condenado à forca.
- Dt 22,5: lei social proibindo o travestismo.
- Dt 24,1-4: lei social sobre o divórcio.
- Dt 24,6-22: leis econômicas e de assistência social.
- Dt 25,1-3: lei de execução penal limitando a punição com açoites.
- Dt 25,5-10: lei social: a famosa "lei do levirato" ("cunhado").
- Dt 26,11-12: lei social: mulher não deve entrar em briga de marido; é proibido dar "golpe baixo".

O Código Sacerdotal – Lv 17–26

Como já vimos anteriormente, os santuários também eram lugares onde podiam surgir leis, e não só sobre questões especificamente cultuais. Em 1Sm 7,15-17 há um bom

---

[28] Comentaremos essa lei no capítulo 6.

exemplo de como os lugares onde havia um altar (portanto, um lugar de culto, provavelmente um santuário) eram os preferidos para se exercer o julgamento dos mais variados casos que se apresentavam. Os sacerdotes vinham legislando desde antigamente e suas leis acabaram sendo também reunidas num código, chamado por alguns de "Lei da Santidade". De fato, as leis sacerdotais têm este caráter diferente daquelas originadas em outros contextos e épocas: inspiram-se na "teologia do Deus santo", que diz repetidamente: "sede santos, porque eu sou Santo" (20,7.8; 21,7.8; 22,16 etc.). Visam, pois, "elevar o ser humano até Deus pela fidelidade às prescrições tradicionais" (SICRE, 1992, p. 128), ao contrário do espírito humanista das leis deuteronomistas, que tentavam aproximar Deus do ser humano.

O material normativo de origem sacerdotal é vastíssimo, sem contar as revisões e inserções em textos normativos mais antigos, de outras tradições literárias, pois a redação e a edição finais do Pentateuco couberam ao grupo sacerdotal do pós-exílio. A coletânea mais importante das leis especificamente redigidas por esse grupo está reunida no Código Sacerdotal, que se encontra nos capítulos 17 a 26 do livro de Levítico. Como o Código Deuteronômico, também este tem um conteúdo muito diversificado: trata dos alimentos comestíveis e não comestíveis; da pureza exigida para o culto ritual; do sangue dos animais; das relações sexuais; das relações sociais; dos cultos proibidos; das pessoas, tempos e lugares sagrados; do uso do nome divino; do ano jubilar, entre outras situações.

Por reunir uma legislação tão variada, esse código teve, naturalmente, um processo de formação demorado e complexo, difícil de ser retraçado. Só o percebemos por causa das repetições e pelas interrupções bruscas, revelando sucessivas redações. A amplitude desse material legislativo igualmente nos impede de abordá-lo minuciosamente, lei por lei. Neste estudo limitar-nos-emos a comentar algumas leis e a exemplificar algumas repetições e interrupções, seguindo o trabalho de Sicre (1992, p. 128).

a) Comentário de algumas leis do Código Sacerdotal

O Código Sacerdotal tem duas contribuições específicas para a legislação global de Israel: no campo civil, a ideia do ano jubilar (Lv 25,8-17), que tenta evitar, talvez de forma utópica, o empobrecimento definitivo das famílias mais modestas. Também as leis sobre os bens imóveis (Lv 25,23-24), com destaque para a famosa questão da venda da própria terra, que não poderia ser definitiva (Lv 25,23). No campo religioso, a legislação a respeito dos sacerdotes regulamentou sua situação como classe proeminente em Israel, que chegou a ser, durante muito tempo, a maior autoridade em Israel, inclusive na política. Algumas dessas normas relativas aos sacerdotes influenciaram a Igreja Católica em determinadas épocas: Lv 21,1-3.10-11.16-20.

O capítulo 17 estabelece que todo animal imolado (verbo *zabah* no v. 8), inclusive a caça nos campos, deve ser levado à entrada da "Tenda da reunião" para ser oferecido ao Senhor, pressupondo que qualquer abate é um ato sacrifical. A pena para quem descumprir essa lei é ser eliminado, exterminado do meio do seu povo – a mesma pena para quem comer o sangue. Uma lei complementar ao Código da Aliança (Ex 22,30) estabelece a pena para quem comer a carne de um animal dilacerado por uma fera, estendendo a proibição também para um animal encontrado morto: ficará impuro até o fim do dia, devendo lavar-se e às suas vestes (v. 15). Mas já associa à questão da saúde corporal e da higiene uma noção de pecado: se não lavar as vestes nem se banhar, "levará o peso da sua falta" (v. 16). A "pureza" exigida pelo Deus Santo se exprime tanto nas coisas objetivas quanto na consciência. Jesus fará uma distinção entre as duas, estabelecendo só a segunda (Mc 7,15-23).

b) Exemplos de leis duplicadas no Código Sacerdotal

- Proibições no campo das relações sexuais: Lv 18,6-23 e 20,11-21.
- Respeitar o sábado: Lv 19,3; 19,30 e 26,2.
- Proibição da adivinhação e da necromancia: Lv 19,26.31 e 20,6.27.
- Proibição de sacrificar seres humanos (crianças): Lv 18,21 e 20,2-5.

c) Exemplos de interrupções bruscas na legislação do Código Sacerdotal

O caso mais claro de interrupção brusca está em 24,10-23: vinham-se apresentando várias prescrições cultuais desde o capítulo 21, mas passa-se repentinamente para o gênero narrativo, em que se conta um caso de blasfêmia contra o nome de Deus. O caso é levado a Moisés, que profere a sentença de morte para o blasfemador e aproveita a ocasião para emitir outros preceitos, entre os quais a antiga lei do talião. Isso só pode ser explicado pelas sucessivas redações. É interessante notar que aqui se afirma que a lei do talião vale tanto para o israelita ("natural") quanto para o estrangeiro, independente se é vítima ou agressor. Esta é, de fato, uma lei universal. Uma curiosidade: no Código Sacerdotal o talião é apresentado com três equivalências, no Código Deuteronômico com cinco e no Código da Aliança com sete. Quem gostar de "caça-palavras" pode encontrar quais equivalências se encontram nos três códigos e quais só em cada um deles.

O Código Sacerdotal tampouco contém apenas leis, mas as intercala com muitas exortações, apelando para o seu cumprimento (por exemplo: Lv 18,24-30; 20,22-24; 25,18). Como acontece também em outros conjuntos de textos normativos, no final do conjunto, foram acrescentadas uma sequência de bênçãos e maldições (Lv 26,3-38), cujo objetivo é reiterar a necessidade da observância dessas leis. Todo o conjunto é concluído com uma pequena reflexão histórica (Lv 26,39-46).

A "Torah de Ezequiel" – Ez 40–48

Esses são os últimos capítulos do Livro de Ezequiel, onde ele apresenta seu projeto religioso e político para a nova comunidade de Israel que deveria voltar do exílio. Não é um código de leis no sentido estrito, mas pretende ser uma espécie de "constituição", uma refundação da nação com base na restauração do antigo culto. Basicamente, esse conjunto contém duas seções literárias: a visão do novo Templo (40,1–43,17) e as novas leis de Deus para o verdadeiro culto (43,18–48,35). Na visão, o próprio Senhor vai mostrando ao profeta o "modelo" do Templo, tirando as medidas de cada parte. O profeta vai descrevendo tudo o que vê: formas, tamanhos, cores, materiais, disposições dos objetos etc. Ele é incumbido de revelar à casa de Israel tudo o que vir, pois terá força de lei e deverá ser executado (40,4 e 43,10-12).

O gênero literário da primeira parte é narrativo. É na segunda parte que o texto se aproxima mais do gênero normativo, pois se utilizará com maior frequência o verbo imperativo, embora com extensas e minuciosas exposições das diversas regras, às vezes introduzidas ou acompanhadas de narrativas, justificativas, exortações e "puxadas de orelha" a este ou aquele grupo. A seguir apresentamos um resumo das novas leis de Deus, segundo Ezequiel.

a) Leis ligadas ao culto
- Ritual de consagração do altar (Ez 43,18-27).

- Admissão ao Templo e ao sacerdócio (cap. 44): exclui os estrangeiros (incircuncisos); exclui os levitas do sacerdócio, incumbindo-os das tarefas menos nobres; reserva o sacerdócio para os "filhos de Sadoc" e determina com detalhes suas funções, as exigências para sua admissão ao ministério e seus direitos e proibições. As funções são: oferecer os sacrifícios sobre o altar, ensinar sobre o puro e o impuro, julgar as contendas, realizar as festas sagradas. As exigências são: usar vestes próprias, só para o culto, cabelo cortado (nem careca nem cabeludo!), não beber vinho antes do culto, casar-se só com moça israelita virgem e com viúva, só se for de outro sacerdote. Os direitos e proibições são: não terão herança, propriedade de terra; poderão comer as oblações, os sacrifícios pelo pecado e de expiação; tomarão posse de tudo o que for declarado anátema, consagrado a Deus, bem como da primeira parte das primícias e de quaisquer oferendas; não comerão carne de animal morto por si ou dilacerado por uma fera; não tocarão em morto, só se for parente colateral ou a própria irmã, mas neste caso só se morreu virgem; mesmo assim, ficará impuro por sete dias, sem poder entrar no santuário nesse período.

- Leis sobre as oferendas cotidianas e nas festas da Páscoa e das Tendas (45,13-25); o "príncipe" (sumo sacerdote) exercerá funções sacerdotais de expiação nas festas, nas luas novas e nos sábados.

- Leis diversas sobre os pórticos (horários de abertura do pórtico oriental, o mais importante), sobre os bens inalienáveis do "príncipe" e sobre a cozinha do Templo (cap. 46).

b) Leis sociopolíticas (Ez 45,1-12; 48)

- Divisão utópica da terra em doze faixas paralelas de terreno, em linha reta, partindo da fronteira oriental até o Mar Mediterrâneo. A parte do Senhor, central, é reserva sagrada para o Templo e as residências dos seus ministros, prevendo uma área para pastagens. Corresponde a Jerusalém. A leste e a oeste desta se estende a parte do "príncipe". As demais faixas são destinadas às tribos de Israel, mais ou menos de acordo com a ocupação histórica da terra. Faz-se uma forte crítica aos "príncipes exploradores". (...) Pudera: com esses privilégios materiais todos...

- Descrição narrativa da "água que sai do Templo" e dos limites da terra com a ordem de reparti-la (incluindo o estrangeiro) (cap. 47).

- Descrição narrativa das portas da cidade e seu nome: "O Senhor está ali". Esse nome, que conclui a Torah de Ezequiel e todo o seu livro, evoca a teologia da presença, atributo essencial do Deus de Israel experimentado e anunciado por esse místico profeta.

Outros textos normativos do Pentateuco

Naturalmente, tudo o que vimos até aqui ainda não esgota todo o material legislativo da Bíblia, mesmo nos limitando aos textos exclusivamente formulados como leis. Os livros do Êxodo, Levítico e Números contêm muitas leis inseridas em discursos e narrativas, sem formar um código específico. Alguns exemplos:

- Ex 12,1-28.43-49 estabelece regras para a celebração da Páscoa, em família, excluindo os incircuncisos de comer do cordeiro pascal e unindo-a à Festa dos Ázimos, como "decreto perpétuo".

- Lv 11–16 legisla sobre a pureza exigida para o culto e também para o ideal de santidade no dia a dia do povo. Concretamente, lista os animais comestíveis e não comestíveis, coincidentes com os que podiam ser oferecidos a Deus ou não, e as situações físicas que tornavam impura a pessoa: contatos com animais impuros, animais mortos, sangue, secreções sexuais; casos de lepra e outras afecções da pele, mofo nos tecidos e nas paredes das casas. A impureza era transmitida tanto para pessoas quanto para objetos com os quais o indivíduo impuro tivesse contato físico e também dos objetos contaminados para outras pessoas. A relação sexual, por si só, era vista como impura (Lv 15,18). Para cada caso, estabelece o que fazer para purificar-se, geralmente bastando lavar-se e aos objetos com água; em alguns casos, o objeto devia ser destruído. Especial atenção se dá ao grande dia das Expiações, que anualmente purificava a comunidade israelita de todas essas impurezas cotidianas.

- Nm 3,6-13 estabelece regras para os levitas, unindo-os aos descendentes de Levi e submetendo-os ao sacerdócio aarâmico. Estabelece a pena de morte para quem se atrevesse a exercer as funções sagradas sem pertencer a esse grupo.

Assim, concluímos um rápido percurso sobre o universo das leis nas Escrituras judaicas. Além do que vimos, há muitas leis "soltas" aqui e acolá, não só no Pentateuco como também em alguns livros históricos e proféticos. Certamente seria um trabalho árduo estudá-las uma por uma. A bibliografia sobre o material normativo na Bíblia é muito especializada e técnica, dificultando o acesso à maioria. Não seria possível esgotar o assunto neste modesto texto, cujo objetivo é introduzir o leitor no mundo jurídico da Bíblia e ajudá-lo a não se perder no meio desse emaranhado de leis.

Capítulo 5
A visão cristã da Torah e suas leis

Finalmente chegou o momento de abordarmos algumas questões que o estudo do gênero normativo na Bíblia coloca em relação ao Segundo Testamento ou "Escrituras Cristãs". Embora esta obra não pretenda aprofundar o gênero normativo especificamente nesse conjunto de escritos, não poderíamos deixar de abordar, ainda que brevemente, algumas questões básicas ligadas à visão cristã da Torah e suas leis, bem como os diversos conselhos e exortações que nesses escritos assumem um caráter normativo, justamente porque propõem atitudes a serem observadas como regra de vida para os cristãos. Vamos apenas pincelar alguns aspectos e deixar algumas pistas para ajudar a compreensão desta complexa questão. Não temos a pretensão de dar a última palavra sobre isso.

Qual a relação entre Cristo e a Torah? Em que sentido se fala de "nova Aliança"? Em que consiste a "nova lei de Cristo"? As leis da Torah perderam a sua validade para os cristãos? Qual o fundamento das muitas regras para as comunidades cristãs que se encontram nas epístolas? Estas e outras questões são fundamentais para a interpretação cristã dos textos normativos das Escrituras judaicas. No fundo, a grande pergunta é: Qual o valor das leis da Torah na interpretação cristã? Para respondê-la, a primeira consideração a fazer é que as Escrituras cristãs não vieram substituir as Escrituras judaicas, nem revogá-las, a despeito do que diz esta tradicional canção católica: "Tão Sublime Sacramento":[1] "pois o Antigo Testamento deu ao Novo seu lugar". Quando dividimos a Bíblia em "Antigo" e "Novo" Testamento, somos induzidos erroneamente a essa compreensão. Mesmo assim, está claro que algumas leis antigas já não valem mais para o cristianismo, e isso exige uma explicação.

Em segundo lugar, note-se que estamos tratando especificamente das leis, não da Torah como um todo, a qual, como já dissemos, inclui muito mais outros tipos de textos do que as formulações legais. Desde o início é esse o foco de nosso estudo. O problema é que nas "Escrituras cristãs" a Torah já está totalmente identificada como "Lei", e isso complica a compreensão desses conceitos, com a prevalência do aspecto legal sobre o de "instrução". Por último, é preciso considerar que as comunidades cristãs fizeram uma "releitura" das Escrituras judaicas à luz da sua fé na pessoa de Jesus Cristo. Daí, a interpretação cristã das leis antigas tem como base o ensinamento de Jesus e sua práxis libertadora. Tais considerações, especialmente as duas últimas, serão desenvolvidas nas próximas seções.

O legalismo ofuscou a instrução

Quando o sacerdote Helcias disse a Safã, secretário do rei Josias, ter encontrado "o livro da Lei [= *sefer torah*] no Templo do Senhor" (2Rs 22,8), por volta do ano 622 a.E.C.,

---

[1] O autor é Santo Tomás de Aquino, doutor da Igreja. A versão em português foi adaptada, mas não traduz com exatidão o latim, língua em que foi composto: *Tantum ergo Sacramentum / Veneremur cernui: Et antiquum documentum / Novo cedat ritui: Praestet fides supplementum / Sensuum defectui* [O Sacramento tão grande / Veneremos curvados / E a Antiga Lei / Dê lugar ao novo rito / A fé venha suprir / A fraqueza dos sentidos].

muito provavelmente ele se referia ao texto que, mais tarde, após algumas ampliações, veio a tornar-se o Código Deuteronômico. Nessa época, portanto, o termo "torah" equivalia à "lei", no sentido jurídico, pois esse material é todo normativo, como vimos. É interessante notar que os Dez Mandamentos são intitulados como "as palavras" – *debarim* (Ex 20,1) e o Código da Aliança reúne as "sentenças", literalmente, os "julgamentos": *mishpatim* (Ex 21,1), ao invés de "torah".

No exílio na Babilônia, entre os anos 587 e 538 a.E.C., os sacerdotes exilados recolheram por escrito as tradições do povo, para não perderem o único bem que ainda lhes restara: sua identidade de fé. Começou assim o grande esforço de edição do que mais tarde veio a ser as Escrituras judaicas, a Bíblia. Foi nesse período que se consolidou a tradição deuteronomista, que inclui os livros do Deuteronômio, Josué, Juízes, os dois livros de Samuel e os dois livros dos Reis. Também foi no exílio que começaram a surgir os escritos da tradição sacerdotal. Aí, a Torah deixou de ser apenas um conjunto de leis, muitas vezes áridas, e passou a contar com homilias e narrativas apaixonadas em torno do dom da Lei e da terra.[2] Embora o sentido de "lei" ainda persistisse, a abrangência de seu material extrapolou o gênero normativo para incluir também outros gêneros literários, direcionando-se para o conceito mais amplo de "instrução" e "ensino".

O sacerdote Esdras, por volta do ano 398,[3] foi quem deu o passo decisivo para que o conjunto desses escritos já conhecidos como "a Lei de Moisés, dada pelo Senhor" (Esd 7,6),

---

[2] Ver o fascículo 8 da série "Visão Global". AUTH, Romi; SAB. *Deus também estava lá*; exílio na Babilônia. São Paulo: Paulinas, 2002, pp. 40-43 e 52-54.

[3] A data de início da missão de Esdras pode ter sido 458, se Esd 7,7 se referir a Artaxerxes I. Ver *Bíblia de Jerusalém*, pp. 2.337-2.338 (quadro cronológico).

e já reunidos nos cinco livros, contendo as leis e as narrativas e exortações em torno delas, tivesse o caráter de lei do Estado, como a constituição de Israel, sancionada por Artaxerxes (Esd 7,25-26).

Paralelamente, a literatura sapiencial olhou mais para o lado da "instrução", do ensinamento, da disciplina que consiste em conhecer a lei e praticá-la (Pr 1,2-7). O Salmo 119 traz várias acepções para o termo "torah", seja de cunho jurídico: lei(s), testemunhos, preceitos, estatutos, mandamentos, normas, decretos, direito, justiça; seja de cunho sapiencial: caminho(s), palavra(s), promessa(s), maravilhas, justiça, verdade, salvação. Ela traz alegria, consolação, delícia, prazer, sabedoria, discernimento, paz, socorro, vida. O Salmo 25 acrescenta: veredas, sendas, amor, aliança, segredo. Para o Salmo 143, ela é a vontade de Deus que deve ser cumprida (v. 10).

No tempo de Jesus, o aspecto legal, jurídico, da Torah já era o mais evidenciado pelo movimento dos fariseus; mas eles faziam uma leitura literal e legalista (Jo 5,10; 8,3-5; Lc 11,46), onde o que importava era a letra da lei e não a vida da pessoa humana (Lc 11,42). Sua leitura era amparada por uma teologia retribucionista: os pecadores, que não praticavam a Lei, seriam castigados por Deus, enquanto os que a praticavam seriam sempre abençoados, inclusive com prosperidade material, além de saúde física (Lc 18,11-12; 16,13-15). É contra essa maneira reducionista de interpretar a Torah que Jesus e, depois, as comunidades cristãs, especialmente Paulo, se posicionaram. Principalmente Jesus seguiu a linha sapiencial, como veremos na próxima seção.

O modo sapiencial do ensino de Jesus e seu valor normativo

O "ensinamento" de Jesus é normativo para os cristãos, no sentido de que coloca exigências – por assim dizer, suas regras – para quem, dispondo-se a segui-lo, quer viver de modo agradável e atingir a plenitude da vida em Deus. Entretanto, não se deve considerar como "ensinamento" de Jesus e, daí, norma de vida cristã, somente o conteúdo de sua pregação, o que ele disse sobre esse ou aquele tema. Há dois outros aspectos do "ensino" de Jesus que são igualmente normativos para o cristianismo: sua prática de vida e também o próprio método que ele utilizava para ensinar.

O primeiro aspecto é mais fácil de perceber, pois Jesus ensinava não só com seus discursos, mas também com as ações que realizava e as atitudes que tomava nas diversas situações de seu dia a dia. Ensinava não só pela prédica, mas também pela prática, afinal, "o exemplo fala mais do que mil palavras". Isso é explícito no "lava-pés", onde o Mestre realiza uma ação que ele mesmo apresenta como exemplo a ser seguido pelos discípulos (Jo 13,15).

Entretanto, a maioria das ações de Jesus narradas nos evangelhos não vem seguida dessa recomendação explícita a que se siga seu exemplo. Mesmo assim, suas atitudes ensinavam de forma inequívoca algo a ser seguido e praticado por seus discípulos. Tomemos estes dois exemplos: em Mc 1,35-39, depois de realizar curas, ao saber que todos o procuravam em Cafarnaum, Jesus tomou a decisão de encaminhar-se com os discípulos para outros lugares, a fim de pregar aí também. Que lições os discípulos deveriam tirar dessa atitude? Por que o sucesso e a fama alcançados com os milagres (vv. 28, 33 e 37) não convenceram Jesus a ficar ali? Já em Mc 10,46-52, a cura de um cego à saída de Jericó traz profundos ensinamentos sobre o seguimento, o discipulado, num momento estratégico e crucial para Jesus, que vai desafiar também a fé de seus seguidores. Aquele cego, curado, tornou-se o modelo do verdadeiro discípulo. Dessa forma, os milagres e os gestos que Jesus fazia eram também uma maneira de ele transmitir a mesma mensagem, o mesmo "evangelho", sempre a "Boa Notícia" do Reino, centro de seu ensinamento (Mc 1,14-15; Mt 4,17.23; 9,35; Lc 8,1). Quem não se prende aos milagres em si encontra as "lições" do Mestre em todas as suas ações e nas atitudes que tomou ao longo de sua vida.

O segundo aspecto, o método de ensino adotado por Jesus, é mais difícil de se perceber. A imagem de um Jesus majestoso, sentado num trono-cátedra imponente, tendo na mão um livro e geralmente com o semblante severo (o "Cristo Pantocrator": dominador de tudo), pode levar facilmente a imaginá-lo como um rígido legislador, um homem da lei, que ensina desde sua cátedra de juiz, com a autoridade de quem tem nas mãos a Lei escrita. Ao expor seus ensinamentos, porém, Jesus não adotou o modo legislativo, não se apresentou como quem veio ensinar ou promulgar leis, estipulando as correspondentes recompensas e penas a serem aplicadas. Suas orientações não se enquadram na forma que literariamente chamamos de "gênero normativo", próprio das leis, mas sim na forma sapiencial ou proverbial, própria dos grandes mestres e sábios de Israel. Por isso utilizou tantas parábolas, que em hebraico é *mashal*, mesmo termo para "provérbio".

Esse método foi de tal modo usado por Jesus, que toda a sua pregação foi apresentada como *mashal*, parábola (Mc 4,33-34), e ele foi reconhecido como "mestre em Israel" (Jo

13,13; Mt 22,16; 23,8). Em Nazaré seus conhecidos se interrogavam, perplexos, de onde lhe tinha vindo tanta sabedoria (Mc 6,2; Mt 13,54). Igualmente as "bem-aventuranças" se aproximam do gênero proverbial, o qual utiliza muito as fórmulas: "bendito aquele que", "feliz quem" e "felizes os que" e seus opostos "maldito aquele que", "maldito seja quem" etc. Também a fórmula "ai daquele que" ou "ai de", muito presente na pregação profética, apresenta de forma sapiencial a desaprovação de Deus a determinadas condutas. Encontram-se exemplos desse modo sapiencial do ensino de Jesus em Mt 5,3ss e Lc 4,20ss; 10,23; Mt 23,13-32 e Lc 10,13 etc.

Mas o ensino de Jesus compreende também várias recomendações, na forma direta, de uma ordem com caráter perene, utilizando o verbo no imperativo, no futuro ou no infinitivo, como é comum nas formulações das leis bíblicas: "Guardai-vos de praticar a vossa justiça diante dos homens, para serdes vistos por eles" (Mt 6,1); "Entre vós não será assim: ao contrário, aquele que dentre vós quiser ser grande, seja o vosso servidor" (Mc 10,43); "Aquele, portanto, que violar um só desses menores mandamentos... será chamado o menor no Reino dos Céus. Aquele, porém, que os praticar e ensinar, esse será chamado grande no Reino dos Céus" (Mt 5,19), "Amai-vos uns aos outros, como eu vos amei" (Jo 15,12).

Há também muitas recomendações com o verbo no presente, criando um clima de diálogo direto entre Jesus e o ouvinte (ou o leitor): "Não podeis servir a Deus e ao Dinheiro" (Mt 6,24c); "Assim acontece com aquele que ajunta tesouros para si mesmo, e não é rico para Deus" (Lc 12,21); "aquele que se exaltar será humilhado, e aquele que se humilhar será exaltado" (Mt 23,12).

Não estaria Jesus legislando aí, no sentido exato do termo? É preciso ponderar que Jesus, como já dissemos, não se apresentou como legislador, mas como mestre, ou seja, um verdadeiro sábio a ensinar. O que tornava seu ensinamento diferente do dos escribas e fariseus (Mc 1,22) era, de um lado, sua interpretação libertadora da Lei, como as curas em dia de sábado (Mc 3,1-6), a oferta do Reino aos pobres e pequeninos (Mt 5,3; Lc 10,21), a acolhida dos pecadores, e não sua condenação (Mc 2,15-17; Lc 7,36-50), a crítica ao Templo e seu sistema de sacrifícios que oprimia o povo (Jo 2,14-21; Mc 12,33; Mt 9,13); e, de outro lado, sua coerência de vida, não sendo um mero repetidor de leis que obrigavam os outros sem empenhar quem as ensinava (Mt 23,2ss). Foi essa coerência que lhe conferiu a autoridade de um verdadeiro mestre e fez dele um modelo a ser seguido (Mc 12,38-40).

Às vezes, ao invés de dar uma ordem direta, Jesus empregava um verbo no modo subjuntivo, que é exortativo e expressa mais um desejo do que uma ordem: "(que) brilhe a vossa luz diante dos homens..." (Mt 5,16); "aquele que quiser tornar-se grande entre vós seja aquele que serve" (Mt 20,26). Esse é o modo mais usado nos sermões e exortações, que costumam ser recheados de conselhos e recomendações, aproximando-se mais do gênero sapiencial do que do normativo. Vimos como também no Pentateuco as leis vêm sempre acompanhadas de exortações e narrativas exemplificadoras. Assim, também as formulações mais categóricas de Jesus, usando o imperativo, precisam ser contextualizadas no conjunto sapiencial de seus ensinamentos.

Por fim, vale ressaltar um importante elemento que distingue os ensinamentos de Jesus das leis jurídicas: a vontade da pessoa. A lei obriga a todos por si mesma, não depende do querer desse ou daquele para ser aplicada. O juiz não condena o assassino porque quer, mas porque a lei o obriga. Por outro lado, se um inocente declarar que quer ser condenado no lugar de outro, nem por isso a sentença ser-lhe-á aplicada. Já as recomendações de Jesus dependem do querer das pessoas, são um ato de sua vontade pessoal, que as assume ou não, e por isso só valem para aqueles e aquelas que voluntariamente decidem segui-lo: "Se alguém quiser vir após mim, negue-se a si mesmo..." (Mc 8,34); "aquele que quiser tornar-se grande..." (Mt 20,26); "Se alguém me ama, guardará minha palavra" (Jo 14,23). Nas seções a seguir abordaremos mais de perto como alguns autores no Segundo Testamento fizeram a releitura da Torah a partir desses ensinamentos de Cristo.

Releituras cristãs da Torah

Dizer que a fé cristã fez uma releitura da Torah significa afirmar que a pessoa de Jesus Cristo, suas atitudes, suas palavras, sua maneira de vivenciar a tradição religiosa de seu povo e de interpretar seus textos sagrados, bem como sua percepção e leitura dos acontecimentos de seu tempo, enfim, toda a sua vida com seu desfecho na paixão, morte e ressurreição, tudo isso se tornou o critério fundamental com o qual as comunidades de discípulos leram as Escrituras.[4] Por esse critério se afirma, de um lado, que a Torah chegou à plenitude de seu cumprimento, não tendo, pois, sido esvaziada de seu conteúdo (Mt 5,17-18) e, de outro, que ela foi reconduzida ao seu verdadeiro espírito, ganhando nova expressão na prática cristã inspirada no modo de vida de Jesus de Nazaré e superando o

---

[4] Cf. Lc 18,31; 24,25-27; 44-47; At 3,18.22-24; 1Pd 1,10-11.

legalismo (Mt 5,20).[5] Mais ainda: significa que a pessoa mesma de Jesus se iguala à Torah: ele se define como "o Caminho, a Verdade e a Vida" (Jo 14,6), termos que equivalem à Torah na literatura sapiencial, como dito na seção anterior.[6] Por isso, ele é a "Torah viva", encarnada, dialogando com o mundo. Ele é agora a "norma" a ser seguida, o parâmetro, a medida, o modelo, o exemplo. É a palavra definitiva de Deus para a humanidade (Hb 1,1-3b; Jo 1,1ss).

Exemplos de preceitos relidos na ótica cristã

Na releitura cristã, distingue-se entre o espírito da Torah e a sua letra, a Torah escrita. Seu espírito continua válido, mas mudou a forma de vivê-la na prática; ela não é mais levada "ao pé da letra".

a) O amor a Deus e ao próximo

Nenhum dos Dez Mandamentos, por exemplo, foi revogado, pois o seu espírito é "amar a Deus sobre todas as coisas e ao próximo como a si mesmo". Quem não pratica isso certamente está se afastando da proposta de vida querida por Deus, pois na visão cristã – e já antes no próprio judaísmo – esses dois aspectos do maior e mais central dos mandamentos resumem "toda a Lei e os Profetas" (Mt 22,34-40). Mas como se ama a Deus, na prática? Um legista fariseu do tempo de Jesus responderia: "guardando o sábado", "não se misturando com os pecadores" etc. O discípulo de Jesus responde: "promovendo a vida", "servindo à pessoa humana, resgatando sua dignidade" etc. A vivência dos mandamentos para o cristão adquiriu novo conteúdo: servindo à vida, independente de que

---

[5] Cf. também Mc 2,25-27; 7,1-23; Lc 4,20-21.
[6] Cf. Sl 119,3.15.30.37.142.144.156; Pr 4,4.10-13; Eclo 2,15-16; Jo 5,39.

dia da semana é e da condição moral da pessoa de quem se aproxima, ele está amando a Deus, está cumprindo seu preceito. A parábola do "bom samaritano", que em Lucas prolonga o diálogo de Jesus com o doutor da Lei sobre os dois mandamentos, ilustra bem essa nova interpretação (Lc 10, 29-37).

No caso de como amar ao próximo, o fariseu talvez apresentaria muitos exemplos, todos válidos, mas voltados apenas para os amigos, para um outro judeu ou para aqueles que poderiam retribuí-lo (Mt 5,46-47; Lc 14,1.12). Com certeza não esperaria que "o próximo" pudesse ser aquela mulher publicamente rechaçada como pecadora (Lc 7,39), nem aquele homem ensanguentado caído à margem do caminho (Lc 10,30). Para o legista, que via a Torah apenas como "lei", tocá-los significaria infringir a lei da pureza! Para o cristão, ambos são dignos de seu amor. Não rechaçaria a mulher, antes acolheria seus gestos de arrependimento e ternura; tampouco hesitaria em pegar o homem, limpar-lhe as feridas e ajudá-lo a recuperar-se, inclusive antecipando o que poderia vir a precisar. Faz isto na certeza de que tais gestos de amor ao próximo o tornam mais próximo de Deus do que se evitasse tocar pessoas "impuras" para conservar-se puro perante a Torah, interpretada apenas como "lei" que tem de ser observada literalmente.

Para o cristão, portanto, as leis da Torah precisam ser reinterpretadas na ótica do ensinamento prático de Jesus Cristo. Elas passam a ter um novo sentido, perdendo o caráter meramente legal, mas mantendo o seu objetivo essencial, que é servir à vida, promovendo o bem. Essa reinterpretação representa um avanço, uma novidade em relação à prática da Torah, não se limitando ao que está escrito. Essa foi a postura de Jesus diante dos escribas e fariseus que levaram até ele uma mulher pega em flagrante adultério. A solução encontrada por

Jesus não passou pelo cumprimento literal do que Moisés ordenara na Lei, mas por uma interpretação que põe no centro a pessoa humana, que precisa ser compreendida nas suas fraquezas e necessita de perdão (Jo 8,3-11).

b) O sábado

Tomemos outro exemplo da postura de Jesus perante um dos mandamentos mais caros do judaísmo: a observância do sábado. Houve vários conflitos entre a visão fechada de alguns fariseus quanto a esse preceito e a nova interpretação aberta, libertadora, que Jesus lhe aplicava (Mc 2,24).[7] Por isso, em todos os evangelistas, esse foi o motivo decisivo para os adversários decretarem a morte de Jesus (Mc 3,6 e paralelos; Jo 5,18). Analisemos o preceito: o *shabbat* (descanso) é, acima de tudo, um memorial a ser celebrado: "lembra-te", da raiz *zkr* – memória, memorial, lembrança: como memorial da criação (Gn 2,2-3), lembra ao ser humano sua condição de criatura, mas uma criatura com dignidade e com grave responsabilidade quanto ao conjunto da obra do Deus Criador, com o qual é chamado a estabelecer uma relação de gratidão e de cooperação (Ex 20, 8-11); como memorial da libertação de Israel da opressão do Egito, lembra o direito de todos, não só ao descanso, mas, principalmente, à justiça, à liberdade, à vida, dons do Deus Libertador, com o qual todos são também chamados a relacionar-se em ação de graças e no compromisso com a libertação dos oprimidos (Dt 5,15). Jesus retomou essa essência do preceito, libertando-o da interpretação farisaica estreita, que o reduziu a simplesmente não fazer nada no dia de sábado, nem mesmo resgatar uma vida humana da marginalização (Mt 12,9-14).

---

[7] Cf. outros textos: Lc 13,14; 14,5; Jo 5,9-19; 9,14.

Ora, essa postura de Jesus quanto ao preceito sabático já apontava para a superação do legalismo reinante na época. Mas foi o evento da ressurreição que jogou definitivamente luz sobre essa nova compreensão, fundamentando a práxis cristã. Porque Cristo ressuscitou "no primeiro dia da semana" e era nesse dia que ele preferia marcar seu encontro com a comunidade de discípulos (Jo 20,1.19.26), este se tornou para a comunidade "o dia que o Senhor fez para nós" (Sl 118,24). Isso significa muito mais do que apenas transferir o preceito de um dia da semana para outro. O significado do *shabbat* foi atualizado, ganhando nova interpretação e significação no domingo cristão: o primeiro dia na criação é o dia da luz vencendo as trevas (Gn 1,3-5), e a ressurreição de Cristo é o início da nova criação, o novo começo para toda a obra de Deus: "eis que faço novas todas as coisas" (Ap 21,5). A Ressurreição é também a libertação por excelência, pois Cristo ressuscitado é "nossa Páscoa" e é por ele que temos acesso ao Reino da luz (1Cor 5,7; Cl 1,12-13). No seu encontro com seu Senhor Ressuscitado, "no primeiro dia da semana", a Igreja faz a memória da Páscoa da Libertação que renova toda a criação, atualizando assim a essência do sábado judaico no dia da ressurreição. Por isso mesmo esse dia é chamado "domingo" – *Dies Domini*, em latim, e *domenica*, em italiano: o Dia do Senhor.

A cláusula do mandamento sabático "não farás nesse dia nenhum trabalho" deixa, então, de ser absolutizada. De fato, os serviços considerados essenciais não podem parar porque servem à vida do ser humano. Assim, seja no sábado, no domingo ou nos feriados, não podem parar: o fornecimento de água e de energia, os transportes públicos, os hospitais, as usinas hidrelétricas, o policiamento, alguns setores da imprensa, os meios de comunicação, os serviços de telecomunicações, os bombeiros, a Defesa Civil etc. Em função também disso precisam estar abertos certos tipos de comércio como padarias, farmácias, lanchonetes, restaurantes etc. Outros ramos de trabalho estão ligados ao lazer e vêm justamente favorecer o aspecto do "descanso" inerente ao preceito sabático: o trabalho em parques, cinemas, teatros, clubes, museus e outros locais de diversão e entretenimento; o mesmo se diga do trabalho relacionado à prática de esportes em estádios, ginásios e quadras esportivas. Para funcionar e prestar um bom serviço aos cidadãos, garantindo-lhes o direito ao lazer e à cultura, tudo isso dependerá do funcionamento também de uma série de outros serviços. Os bares, restaurantes e lanchonetes se encaixam nessa perspectiva, além dos já citados serviços essenciais. O que aconteceu com o preceito sabático foi, portanto, uma nova interpretação dessa lei e não a sua supressão.

c) A circuncisão

Nesse caso, a lei da circuncisão foi literalmente suprimida, como veremos na próxima seção. Mas, de certa forma, o que ela significava para o povo judeu permanece, com nova visão, no rito do Batismo cristão: por ele, a pessoa passa a ser membro do povo de Deus, a Igreja, e se torna herdeira da promessa, agora realizada em Cristo, porque se une a ele de modo vital. Da mesma forma que a circuncisão, com todo o simbolismo do sangue, símbolo da vida, comprometia o israelita com as exigências da Aliança, o Batismo também compromete o batizado com a vida nova em Cristo, exigindo o seu empenho em ser fiel no seguimento do Senhor.

Quem permitiu mudar as leis?

Há preceitos, porém, que a comunidade cristã suprimiu parcial ou totalmente, sem lhes dar nenhuma nova significação. A pergunta que surge é esta: a Igreja tinha autoridade para fazer esse tipo de reinterpretação das leis, como fez com o sábado e a circuncisão, entre outras? Podia suprimir leis consideradas sagradas nas Escrituras judaicas? Não estaria, nesse caso, mudando, a seu bel-prazer, a Lei de Deus? Isso não cria contradição entre preceitos dentro da própria Bíblia? Como encarar isso? Diante desse "novo", a prática da Torah que se havia tornado um "fardo pesado" pelo legalismo dos fariseus (Mt 23,4; Mt 11,28-30) ganhou novo conteúdo e se tornou o "fardo leve" de Jesus. Os cristãos deram esses passos com base na sua compreensão do significado da própria pessoa de Jesus Cristo, na maneira como ele encarnou a Torah. Compreenderam que Cristo lhes dava autoridade para fazer esse tipo de releitura, pois ele é a "Torah viva", encarnada: Caminho, Verdade e Vida, como já explicamos. Assim, os preceitos mosaicos ou da Torah escrita foram todos reorientados: têm validade enquanto podem contribuir para a realização do ideal pregado e vivido por Cristo, mas ficam sem sentido se obstaculizam uma correta compreensão da pessoa de Cristo e seu significado salvífico.

Torah: Palavra viva e palavra escrita – clareando conceitos

A esta altura, faz-se necessário clarear as sutis diferenças de conceituação da Torah a que finalmente chegamos nesta obra, com o confronto entre judaísmo e cristianismo que se apreende das Escrituras Cristãs: de um lado, falamos de Torah, sem adjetivo, como todo o conjunto normativo formado pela "instrução", quer na forma textual de leis, quer na de outras formas textuais, como narrativas, poesias, provérbios etc., a qual se encontra no Pentateuco. Coincide com a Torá da Bíblia judaica. Esse é um conceito literário. Mas há também o sentido teológico da Torah enquanto "Palavra de Deus", condensada para o povo de Israel na Escritura Sagrada, cujo centro é a Aliança expressa nos Mandamentos. Esse outro sentido vai além do texto escrito e se materializa no "ensinamento", na interpretação que se dá ao texto escrito. Aí entram as leituras profética e sapiencial da Torah, abrindo seus horizontes para além da letra.

De outro lado, por sua encarnação na história, em Jesus de Nazaré, a Palavra de Deus ampliou-se infinitamente para além do livro, atingindo a plenitude da sua revelação na pessoa de Jesus. Para o povo cristão, como já dissemos, Jesus Cristo representa a "Torah viva", enquanto ele é a "norma" a ser seguida por todos, a perfeita realização do que Deus quer do ser humano, a plenitude da sintonia entre o agir divino e o agir humano.

A partir daí, quando as Escrituras cristãs falam da "Lei", entendemos que se trata não da Palavra de Deus revelada a Israel, como um todo, mas das leis mosaicas, as quais representam apenas parte da Revelação. Por isso, preferimos falar de Torah escrita, referindo-nos especificamente às leis mosaicas contidas nas Escrituras judaicas. O que foi revogado na teologia cristã não é a Torah como tal, e sim aquilo que nela fora expresso na forma de leis, as quais já não fazem mais sentido na nova situação estabelecida por Cristo.

É nesse contexto que surgiram as regras para as comunidades cristãs, como as determinações de At 15,29, estabelecendo algumas abstenções a serem observadas, e as exortações (parêneses), advertências e admoestações nas cartas apostólicas. Todas têm um espírito de normas morais, de condutas a serem praticadas no dia a dia da vida cristã em comunidade e no meio do mundo. Todas têm caráter normativo, embora já não se enquadrem na forma da "lei" que se tem no Pentateuco. Alguns exemplos são: Rm 12,1–15,13 sobre vários aspectos da vida comunitária; 1Cor 1,10 sobre evitar as rixas; 5,1-13 sobre evitar o incesto e 7,1-40 sobre o casamento e o voto de virgindade; 1Pd 2,11-12 sobre os pecados da carne e 2,13-17 sobre a submissão às autoridades civis (ver também Rm 13,1ss).

É importante retomar aqui o que dissemos no final do capítulo 2: a atualização das leis, sendo uma necessidade, fez com que certos preceitos surgidos em contextos específicos perdessem a validade em novos contextos. Tal discernimento, como fez a assembleia de Jerusalém sob a assistência do Espírito Santo (At 15,1-29) – considerada por isso o primeiro "concílio" da Igreja –, é um exercício legítimo de interpretação da Palavra e dos "sinais dos tempos" a exigir novas respostas. Isso não significa alterar a Bíblia, muito menos revogar uma "lei de Deus", mas sim avançar na compreensão daquilo que Deus quer de nós e para nós. De todo modo, a sua vontade continua valendo. Descobrir qual é a vontade de Deus para nós e realizá-la no contexto de hoje é uma tarefa essencial a quem crê que "a sua palavra permanece para sempre" (Mt 24,35).

Alguns autores cristãos e sua releitura da Torah escrita

A seguir apresentamos um rápido panorama de como alguns autores das Escrituras Cristãs assimilaram e trabalharam a releitura da Torah escrita.

a) Paulo: a Torah foi pedagoga

O Apóstolo Paulo foi o primeiro a tratar de forma sistemática em suas cartas a questão da postura dos cristãos em relação às leis da Torah ou, como ele próprio a nomeia, a "Lei". Também suas cartas foram os primeiros textos cristãos a serem escritos e, por isso, refletem, em primeira mão, o conteúdo da fé cristã aplicada à vida e à realidade das primeiras comunidades, bem antes dos evangelhos, que apresentam de outro modo a mensagem de Cristo. Cronologicamente, a pregação de Paulo está muito mais próxima do "acontecimento Jesus" do que os próprios evangelhos. Os seus escritos, portanto, são fundamentais para entendermos o significado de Jesus Cristo para a vida concreta daquelas primeiras gerações de cristãos. Resumindo, Paulo trata, em seus escritos, de como viver a fé cristã na prática, distinguindo-a da antiga prática judaica, naquilo em que esta representa um retrocesso em face da novidade de Cristo.

"A letra mata, o espírito é que dá vida" (2Cor 3,6b). Com esta sentença lapidar, Paulo resume todo o seu pensamento a respeito da interpretação da Torah a partir de Cristo. Ele vai à essência da Torah. Suas maiores epístolas (Rm, Cor e Gl) versam sobre esta questão como sendo o centro de toda a fé cristã. No fundo, trata-se de estabelecer o que realmente é instrumento de salvação: a Torah escrita, como era praticada pelo judaísmo de então, ou a vida mesma de Jesus Cristo, como Torah viva? Uma vez que a fé cristã aponta para Cristo como salvador, o que fazer, então, com a Torah escrita, ou seja, a lei mosaica? Que validade ela tem para o cristão? O pensamento de Paulo é basicamente este: a Torah escrita foi uma pedagoga (Rm 7,1-6). Ela conduziu o povo de Israel até Jesus Cristo, que era a meta da própria Escritura. Uma vez que o encontro com Cristo se deu, a "pedagoga" cumpriu a sua tarefa e pode dar-se por satisfeita. Quem acolhe a Cristo não está mais sujeito à lei "escrita na pedra", ou seja, aos preceitos mosaicos, mas à "lei do Espírito da vida em Cristo Jesus", que o "libertou da lei do pecado e da morte" (Rm 8,2). Viver segundo o Espírito, para Paulo, é unir-se ao Espírito de Deus e deixar-se conduzir por ele e não mais pelo "desejo da carne" (Rm 8,5-16).

A vida de Cristo e a liberdade com que ele interpretou os preceitos mosaicos deram novo sentido à Torah, e quem está em Cristo carrega consigo essa nova maneira de viver, que Paulo chama "a lei do Espírito" (2Cor 3,6-8). Qual seria a vantagem de se sair do regime de uma lei e passar para outro? De todo modo, não continua a necessidade de se cumprirem leis, quer antigas, quer novas? A vantagem é que "onde está o Espírito do Senhor, aí está a liberdade" (2Cor 3,17). O cristão está livre de cumprir as leis antigas "ao pé da letra", podendo ater-se ao "espírito" das leis que, para Paulo, se resume no amor: "Quem ama o outro cumpriu a Lei" (Rm 13,8-10), tendo para isso a condução do próprio Espírito de Deus.

Porém, no pensamento paulino, não é por praticar esta ou aquela lei, mesmo que seja esta a única lei do amor, que os cristãos podem esperar ser salvos, pois a grande "virada" que Paulo dá em relação à compreensão judaica é que a salvação não é o resultado das obras humanas, por melhores que sejam, mas, tão somente é graça de Deus. A vida nova é, antes, consequência da salvação obtida gratuitamente: é porque foi salvo em Cristo que o cristão vive de um modo diferente (2Cor 5,17). Nesse sentido, Paulo pode afirmar que toda a "Lei" – aqui ele pensa em todo o conjunto da Torah como Revelação – se resume na vivência do amor, cujo parâmetro é Jesus Cristo: o amor de Deus manifestado em Cristo salva todos os que se abrem a ele e os torna aptos a amar, correspondendo ao amor de Deus, regidos unicamente pela lei do amor. Aí, sim, o cristão se dedica a toda boa obra, vivendo "no Espírito", produzindo seus frutos, não recaindo no pecado, do qual foi libertado por Cristo.

b) Evangelhos: a vida das comunidades refletida na vida de Cristo[8]

Os evangelhos constituem uma segunda linha de escritos, posteriores àqueles paulinos pelo menos no que tange à sua redação final. Também traçam o perfil de Cristo e seu significado para a vida de fé na prática das comunidades. Diferentemente de Paulo, porém, os evangelistas buscaram respostas para os problemas concretos das comunidades às quais eles se ligavam, transpondo-os para o tempo de Jesus, para aplicar aí os princípios de vida emanados de Cristo. Eles narram a própria "vida" de Jesus de Nazaré na forma de uma sequência de episódios mais ou menos interligados, como numa biografia, de forma que, ao lerem no Evangelho a forma como Jesus viveu e se situou diante dos mais variados problemas, as comunidades pudessem se inspirar e agir como ele. Por isso, cada evangelho, a seu modo, ressalta na pessoa de Jesus, em

---

[8] Por questão didática, trataremos à parte dos Evangelhos Segundo Mateus e Segundo João.

suas atitudes e em suas palavras o que corresponde aos problemas concretos vividos pelas respectivas comunidades da época de cada evangelista.

Dito isto, passemos ao caso da Torah. Nos evangelhos encontramos as atitudes de Jesus perante certos preceitos, como o do sábado, da pureza legal ou do divórcio. Fica patente que ele fez uma nova interpretação dessas leis. Uma leitura independente, libertadora, voltada para a vida humana, que vai à essência e não para na letra da lei. Ele superou o legalismo farisaico, que havia transformado a Torah num peso insuportável até para os próprios fariseus. A reinterpretação que Jesus fez da Torah, libertando-a também da "tradição" que se foi ajuntando a ela, deu aos cristãos a verdadeira compreensão do sentido de vida, que é o objetivo de toda a lei divina.

c) Mateus: indo à essência da Torah

Dentre os sinóticos, chama a atenção o Evangelho Segundo Mateus, pela sua abundante citação da Lei e seu particular interesse pela prática ou observância da palavra de Jesus. Quem lê o "sermão da montanha" (Mt 5–7) percebe facilmente que esse discurso se apresenta como a "nova Lei de Jesus", o qual, do alto do monte, proclama seus mandamentos.[9] As reiteradas sentenças de Jesus "ouvistes o que foi dito... eu porém vos digo..." parecem tornar ainda mais rígidos os preceitos, aumentando seu raio de abrangência na vida cotidiana. O adultério, por exemplo, aí já não diz respeito somente ao ato objetivo de "se deitar com", mas pode acontecer apenas com os olhos! Sendo assim, quem é que vai poder preservar-se?

---

[9] A própria estrutura do Evangelho aponta para a existência de cinco "livros" ou discursos de Jesus (ver: SAB. *Curso bíblico popular*; o Evangelho de Mateus. São Paulo: Paulinas, 1998, pp. 6-7).

O cumprimento do preceito agora passa por situações tão sutis e incontroláveis como um simples olhar! Como entender essa postura de Jesus em Mateus? Seria a confirmação do legalismo?

A resposta está em que, para Jesus, o preceito não fica na exterioridade, mas visa instruir o interior, moldar os desejos e os motivos secretos do coração, pois é o coração humano a sede dos juízos de valor que levam às decisões e, por fim, às ações. O "olho" ou o modo de olhar significa o critério com o qual a gente avalia e julga (Mt 20,15): reflete, pois, a retidão (a luz) ou a perversão (a escuridão), a bondade ou a maldade que se concebe no coração (Mt 6,22-23).[10] Se no seu interior, no seu coração, a pessoa já decidiu que quer fazê-lo, mesmo que não chegue à materialidade do adultério, como ato exterior a si, ela já está contaminada pelo seu mau desejo. A materialidade do ato previsto no preceito mosaico não é, pois, o que mais interessa, e sim a reconstrução, desde o coração, de toda a pessoa humana na sua integridade, na sua luminosidade.

Pressupondo que quem cometeu de fato um adultério o fez porque primeiro o desejou no seu coração, a interpretação de Jesus é coerente com o espírito da Torah porque atinge a essência do objetivo do preceito: tornar o ser humano bom por dentro e não apenas coibir atos externos. Isso independe de se concretizar os atos previstos objetivamente nos preceitos. É isso que Jesus quis dizer ao afirmar "o que procede do coração é o que torna o homem impuro" (Mt 15,18ss; 12,34b).

O exemplo do adultério reflete uma lei na forma proibitiva. No caso de uma lei na forma propositiva, pode-se fazer a

---

[10] Cf. também: Lc 11,34-35; Jo 3,19-21; Mc 7,21-22.

mesma interpretação indo à essência do preceito e não ficando na letra. Tomemos mais uma vez o exemplo do preceito sabático: seu objetivo é dar ao ser humano a possibilidade de refazer-se, de restaurar-se, porque ele precisa de descanso para viver – e é isso que Deus quer: garantir a vida do ser humano. Daí, "fazer o bem" – isto é, garantir à pessoa humana que viva com mais qualidade – num dia de sábado corresponde muito melhor ao querer divino do que deixar perder-se esta vida, sob a alegação de não violar o sábado com alguma ação que represente trabalho. Se tirar uma ovelha da cova em que caiu não viola o sábado, quanto mais devolver a vida a um homem "que vale muito mais do que uma ovelha!" (Mt 12,9-12). Em outras palavras, o preceito do sábado não está sendo descumprido pelo fato de alguém promover o bem, a vida, porque, agindo assim, a pessoa está realizando a essência do preceito, seu espírito; está exatamente cumprindo o que Deus queria quando deu esse preceito.

Os evangelhos apresentam essa interpretação de Jesus contrapondo-a à interpretação dos fariseus. Esses casos específicos que acabamos de ver ilustram como as comunidades da segunda metade do século I encontravam na prática de Jesus respostas a problemas surgidos para aquelas comunidades ante a prática religiosa judaica: se ficassem na materialidade, na letra da Lei, como alguns estavam querendo, matariam o seu espírito, a sua essência, anulando a novidade de Cristo.

d) Lucas (Atos dos Apóstolos): a liberdade cristã abre a compreensão da Torah

No livro dos Atos, a visão de Lucas sobre a questão da Torah e seu significado para os cristãos está mais próxima da de Paulo. O problema estourou quando alguns membros da Igreja de Jerusalém, de origem judaica (os chamados "judaizantes"), foram a Antioquia (da Síria), onde a maioria da comunidade era composta de não judeus (os chamados "gregos", "helenistas", "gentios", "pagãos" ou "incircuncisos"), e pregaram que estes não seriam salvos se não fossem circuncidados e se não cumprissem os preceitos mosaicos (At 15,1-2), ou seja, se não se tornassem judeus. Por trás dessa polêmica estava, porém, esta questão teológica fundamental: se a salvação vem por meio de Cristo e é universal, qual a necessidade de se observarem ainda os preceitos da lei mosaica, próprios do judaísmo? Em outras palavras, a salvação é só para quem for judeu? No centro da polêmica está, pois, o valor da Torah para os cristãos.

Como já sabemos, a questão foi tratada numa assembleia de toda a Comunidade-Mãe de Jerusalém com os representantes da Comunidade de Antioquia, Paulo e Barnabé (At 15,5-29). O parecer de Pedro, baseado na experiência que ele teve na casa do pagão Cornélio (At 10), foi de "liberar geral", não vendo nenhuma necessidade de impor observâncias mosaicas aos não judeus. Como também Paulo havia defendido em suas cartas, Pedro declarou: "Deus não fez distinção alguma entre nós e eles, purificando seus corações pela fé. [...] é pela graça do Senhor Jesus que nós cremos ser salvos, da mesma forma como também eles" (At 15,9.11). Isso equivale a dizer que o novo critério de vida para os cristãos, independentemente de sua origem (judaica ou gentia), é Jesus Cristo e sua maneira de encarnar a Torah, e não mais os preceitos mosaicos. A "norma" para os cristãos é Jesus mesmo, como "Torah viva". Paulo e Barnabé se alinharam com Pedro, reforçando os casos em que a presença de Deus se manifestou com clareza entre os não judeus, com base em sua experiência missionária junto aos gentios.

Então, Tiago, líder do grupo de tendências judaizantes (Gl 2,12), vendo que as opiniões pendiam para o liberalismo irrestrito, em vista da convivência pacífica dos dois grupos na mesma Igreja, propôs uma solução intermediária, conciliatória, contemplando um mínimo de exigências que, de um lado, contentariam os irmãos de origem judaica e, de outro, não pesariam para os irmãos não judeus. Invocando apenas o bom senso, ele sugeriu uma via alternativa em que estes dariam ao menos alguns passos em direção ao que já era considerado óbvio por todos, evitando, assim, chocar os irmãos judeus com certas práticas por estes consideradas reprováveis. Tiago pensou que a total liberação perante a lei mosaica seria uma decisão drástica demais, que atingiria o âmago da consciência judaica, tão fundamentada nesses preceitos. Do lado judeu, eles dariam também alguns passos, abrindo mão de uma série de práticas que não eram essenciais, dentro da nova visão cristã. Sua proposta foi aceita, mas isso representou a vitória da linha aberta de Pedro e Paulo. A história do cristianismo confirmou isso.

Ao entender que não precisaria circuncidar os não judeus, a Igreja nascente mostrou a relatividade das leis mosaicas. A pertença ao povo de Deus, daí em diante, se dá pelo Batismo cristão e pelo dom do Espírito de Deus, e não mais pela circuncisão. Essa realidade configura a nova ética cristã, que rege a vida cotidiana dos redimidos sem ficar apegados à letra da lei.

Portanto, os Atos veem assim a questão da observância da Torah: ela não tem valor salvífico em si mesma, mas pode servir para a boa convivência entre os irmãos. A própria adesão a Cristo e a vivência da sua Boa-Nova tornam o cristão livre das obrigações mosaicas, porque ele já obtém, por essa via, aquela condição de justiça que antes era almejada pela via da observância dos preceitos da Torah, mas que, como lembrou Pedro na assembleia de Jerusalém, nunca foi alcançada, já que representava "um jugo que nem nossos pais nem mesmo nós pudemos suportar" (At 15,10). Um exemplo do reflexo direto dessa nova postura é a mudança de mentalidade quanto ao que é considerado impuro. Cristo purificou a tudo. Então, não há mais necessidade de se observar as antigas regras de pureza quanto a alimentos, lugares, objetos e pessoas, como demonstram a visão de Pedro e a interpretação que ele fez dela em At 10,9-16.28.

e) Tiago: a nova Torah é praticar as obras da fé cristã

A questão da relação entre a vida cristã e as práticas judaicas baseadas na Torah escrita parece não ter ficado muito clara, mesmo com a visão paulina de que a Torah foi pedagoga e cumpriu sua missão com a chegada de Cristo, podendo se retirar de cena. A carta de Tiago, cuja redação se deu por volta do ano 61-62 E.C., representa a retomada dessa questão sob outro aspecto: a dispensa do cumprimento de vários preceitos, em função da nova compreensão da Torah para os cristãos, deve ter levado muitos a pensarem que a fé cristã fosse apenas um conjunto de doutrinas, um Credo intelectual, sem consequências práticas na vida das pessoas (Tg 2,14-26). Muitos estariam deixando de viver na prática a sua fé, alegando que as obras não têm valor algum para a salvação e, por isso, nada da Torah precisa mais ser observado.

Nesse contexto, um cristão se permitia, sem nenhum peso de consciência, mandar embora um pobre faminto e sem agasalho, sem praticar o mandamento do amor, mas apenas oferecendo-lhe estas palavras: "vai em paz, aquece-te e sacia--te". Como se vê, a vivência do amor fraterno, tão essencial na vida cristã, estava reduzida a uma questão de palavras, de apenas falar, sem nada fazer. A fé já não implicava um modo de vida coerente com a prática de Jesus, servidor e solidário aos pobres. Essa desvinculação entre fé e vida, ou nas palavras de Tiago, entre a fé e as obras, pode ter sido motivada por uma interpretação extremista e equivocada do pensamento paulino.

Paulo insistia na salvação pela fé em Cristo e não pelas obras da Torah escrita, mas com isso jamais quis dizer que o cristão não precisasse praticar o amor, essência da Lei (Rm 13,8). As parêneses no final de suas cartas não deixam dúvida quanto a isso. Tiago parece opor-se a ele, mas, no fundo, seu ponto de vista coincide com o de Paulo. Mostra que a fé, sempre necessária para a salvação, é mais que uma simples teoria ou dogmas a serem aceitos; a fé cristã é um modo de vida, demonstrado na prática, sobretudo na solidariedade para com os pobres, como fez Jesus. Paulo também acreditava assim, pois sempre recomendou o esforço dos cristãos para viver a vida nova que receberam no Batismo, vivendo sob o regime da "lei de Cristo", o amor fraterno, carisma mais alto e único definitivo, sem o qual mesmo uma fé capaz de "transportar montanhas" seria igual a nada (1Cor 13,2; Mt 17,20). Portanto, a preocupação de Tiago é legítima e não significa uma volta à mentalidade farisaica da observância literal da Torah escrita, nem a retomada da teologia da retribuição, nem a diminuição do valor salvífico da fé em Cristo.

Na visão desse escrito cristão, a fé cria a dinâmica da prática dos valores vividos pelo Cristo, de modo que se pode falar em "exigências da fé". Esta é a "lei" do cristão, a sua ética, a sua moral. Muito desta ética cristã, evidentemente, coincide com aquilo que a lei mosaica já propunha. A diferença com relação à visão farisaica de então é que não são as antigas "obras da Lei" que acarretam a salvação, como se esta fosse a recompensa ou o pagamento de Deus pelo esforço humano, mas, a salvação é fruto da fé, pela graça de Deus, que gratuitamente oferece-a em Cristo. O cristão não pratica o bem "para" ser salvo, mas porque a salvação que acolheu em si o leva a amar como Cristo amou (1Jo 4,11).

f) João: amar como Cristo amou é a Torah cristã

Por último, uma palavrinha sobre a visão joanina da Torah. Já no seu prólogo, João estabelece esta relação:

> a Lei é igual à Torah, enquanto preceitos escritos, foi dada por meio de Moisés, mas a graça e a verdade é igual à Torah, enquanto Revelação de Deus, vieram por Jesus Cristo, pois ele é o Filho único, que está voltado para o seio do Pai e que o deu a conhecer (Jo 1,17-18).

Os preceitos mosaicos são lidos, então, nesta ótica: eles apontam para Cristo, que no dom de si mesmo realiza e supera todos eles, elevando os sentimentos humanos para a verdadeira vontade divina, que é o amor mútuo.

Mas não se trata apenas de reinterpretar este ou aquele preceito. Com seu novo mandamento, muito mais profundo e exigente, embora mais simples – a lei do amor –, Cristo retoma a essência de toda a Torah (Jo 13,34-35; 15,9.12.17). Ser cristão implica algo mais que apenas viver a lei mosaica, ainda que de modo diferente. O mandamento do amor, único distintivo dos discípulos de Cristo, evidencia que a ética cristã, na visão joanina, se resume na "imitação" de Cristo: "como eu vos amei".

A conclusão de João não poderia ser outra: Jesus é a "Torah viva": "o Caminho, a Verdade e a Vida" (Jo 14,6), todos esses sinônimos da Palavra, da Revelação divina, como já vimos. Ele é o "Verbo da Vida" (1Jo 1,1), a Palavra que "se fez carne e habitou entre nós" (Jo 1,14). O caráter normativo de Jesus como "Torah viva" não nasce, porém, da força da lei jurídica externa, mas da força do seu exemplo de vida: "Dei-vos o exemplo para que, COMO EU VOS FIZ, também vós o façais" (Jo 13,15). Essa apresentação de Cristo como modelo ou medida do amor é feita quatro vezes no Evangelho (Jo 13,34 e 15,9.10.12) e, explicitamente, pelo menos três vezes na Primeira Epístola de João (1Jo 3,23; 4,11.19). Não se trata do amor como mero sentimento interior, nem de intimismo, mas de comunhão fraterna, no serviço e no dom de si aos outros. Viver esse amor é observar os mandamentos, literalmente: "guardar as palavras" de Jesus (Jo 14,21-24; 15,10.14).

Entretanto, isso não é um simples mérito do ser humano, e sim o resultado da ação do próprio Cristo e do seu Espírito na vida do discípulo e da discípula: como os ramos nada podem produzir se não estiverem unidos à videira, também os cristãos nada podem fazer se não estiverem unidos a Cristo (Jo 15,4-6). É dele que recebem a força de "fazer como ele fez", de "amar como ele amou". A essência da Torah, de toda a "instrução" divina, é o amor, como já afirmavam Paulo, Mateus, Pedro, Tiago e todos os outros escritores cristãos. Cristo veio realizar em plenitude esse ensinamento, dando a sua vida pelo mundo (Jo 3,14-17; 15,13; 1Jo 3,16).

No quarto Evangelho, podemos perceber a distinção entre a interpretação cristã e a interpretação judaica da Torah nas duas narrativas de cura realizada em dia de sábado, que provocam a discussão entre Jesus e seus adversários. Na primeira delas Jesus cura um paralítico à beira da piscina de Betesda (Jo 5,1-9). A discussão começa no v. 10, onde o homem curado é acusado de violar o sábado por carregar seu leito, se acentua no v. 16, onde Jesus é perseguido por curar, e atinge o auge no v. 18, quando procuravam matar Jesus. Mais à frente (Jo 7,19-24), Jesus comenta essa cura e rebate a opinião deles mostrando que eles fazem circuncisão no dia de sábado e nem por isso julgam violar o preceito, pois consideram a circuncisão como uma lei igualmente importante a ser cumprida. Para Jesus, eles, na prática, não observam a Torah (v. 19).

Essa opinião volta na segunda cura em dia de sábado, a do cego de nascença (Jo 9). Aqui os adversários são "alguns dos fariseus". A ação de Jesus revela sua maneira diferente de entender o que é cumprir a Torah. Os fariseus que andavam com Jesus o interrogam para saber se, na opinião dele, eles também eram cegos. A resposta de Jesus (v. 41), jogando com o sentido duplo de "cegueira", confirma: aqueles que o acusam de não observar a "Lei" (a Torah) e pretendem ser os legítimos defensores dela na verdade são os que não a cumprem, porque julgam segundo a letra, literalmente, "as aparências" ou a exterioridade, em 7,24, isto é, se prendem à Torah escrita – e não segundo o seu espírito, a sua essência, que é libertar o ser humano, nesse caso, a cura do cego.

O mesmo se deu com a questão do Templo, outra instituição cara ao judaísmo. O preceito irrevogável da adoração exclusiva de Deus se desvincula da sua relação física com o Templo, seja o de Jerusalém, seja o do monte Garizim, bem como dos rituais sacrificais aí realizados, e atinge o máximo da sua expressão na adoração ao Pai "em espírito e verdade" (Jo 4,21-24). Esse novo e verdadeiro culto, conduzido pelo Espírito, se realiza na vida da pessoa que se sintoniza com os desejos do Pai, revelados em Jesus Cristo, cujo corpo "destruído e em três dias reconstruído" – alusão clara à sua morte e ressurreição (Jo 2,19-22) – constitui um novo lugar do encontro com Deus.

Capítulo 6
Como ler textos normativos

Parece irônico: as leis são muitas vezes tão complicadas que é preciso regras para entendê-las! Diante de tudo o que aprendemos sobre as leis até aqui, podemos tirar algumas "regras básicas" de como entender essas leis. Propomos as cinco regras a seguir, como uma espécie de "Pentateuco hermenêutico":

a) Descobrir o aspecto humanista das leis bíblicas

As leis da Bíblia têm um aspecto profundamente humanista, por detrás da dureza ou da estranheza de algumas delas. Algumas chegam a ser até divertidas para nós hoje, como as situações hilariantes previstas em Dt 23,13-15 e 25,11. Podemos perceber tal humanismo, por exemplo, na famosa "lei do talião": "olho por olho, dente por dente". Como já afirmamos anteriormente, esta lei geralmente é interpretada como a consagração da vingança e da violência, mas, no fundo, o princípio que rege a sentença é limitar os excessos da vingança. Para compreendermos melhor o espírito humanista desta lei, temos de ler o texto completo na Bíblia:[1]

> Se homens brigarem, e ferirem mulher grávida, e forem causa de aborto, sem maior dano, o culpado será obrigado a indenizar o que lhe exigir o marido da mulher; e pagará o que os árbitros

---

[1] O aspecto humanista da "lei do talião" nos parece mais evidente neste texto do que nas outras formulações em Lv 24,17-22 e Dt 19,21b.

determinarem. Mas se houver dano grave, então darás vida por vida, olho por olho, dente por dente, pé por pé, queimadura por queimadura, ferida por ferida, golpe por golpe. Se alguém ferir o olho do seu escravo ou o olho da sua serva, e o inutilizar, deixá-lo-á livre pelo seu olho. Se fizer cair um dente do seu escravo ou um dente da sua serva, dar-lhe-á liberdade pelo seu dente (Ex 21,22-27).

Como se vê, para cada tipo de dano há uma pena correspondente. No caso bíblico, quando o dano era leve – caso em que a criança sobrevivia ao aborto provocado –, tornava-se mais fácil aceitar uma indenização. Mas, quando o dano era grave – caso em que a criança nascia defeituosa ou morria –, os pais poderiam querer uma indenização ou mesmo uma "vingança do sangue" muito maior do que o dano sofrido. Um exemplo de exagero na vingança encontra-se no chamado "cântico de Lamec", em Gn 4,23d-24: "Eu matei um homem por uma ferida, uma criança por uma contusão. É que Caim é vingado sete vezes, mas Lamec, setenta e sete vezes!". Este cântico revela como a violência é uma espiral que só tende a crescer, quando se faz justiça pelas próprias mãos, sem uma lei que a coíba.

Outro exemplo mais contundente é a desproporção da vingança dos irmãos de Dina, filha de Jacó e Lia, caso também já estudado anteriormente: a jovem fora violentada por Siquém, mas o jovem se apaixonou por ela e quis desposá-la, aceitando todas as exigências da família dela, inclusive a de que todos os homens da cidade fossem circuncidados, para que o casamento se realizasse. Mais tarde, porém, os irmãos dela, Simeão e Levi, para vingar a desonra feita à irmã, fizeram uma carnificina na cidade, desencadeando aí uma pilhagem sem precedentes:

> [...] mataram todos os machos. Passaram ao fio da espada Hemor e seu filho Siquém, tomaram Dina da casa de Siquém e partiram. Os filhos de Jacó investiram sobre os feridos e pilharam a cidade, porque tinham desonrado sua irmã. Tomaram suas ovelhas, seus bois e seus jumentos, o que estava na cidade e o que estava nos campos. Roubaram todos os seus bens, todas as suas crianças e pilharam tudo o que havia nas casas (Gn 34,25-31).

As consequências dessa "vingança da honra" desproporcional foram tão danosas, que Jacó se sentiu arruinado, tornando-se odioso aos olhos de todos, motivo pelo qual teve que fugir dali (Gn 34,30–35,1). A "lei do talião" vem justamente pôr um limite a essa espiral de violência. Trata-se de equilibrar o peso entre o dano causado e a pena exigida. Isso é justíssimo, e não tem nada de desumano como parece, se lembrarmos que ainda hoje a justiça estabelece penas proporcionais aos crimes, com punições mais severas para aqueles considerados hediondos.[2]

Quem acha que exigir a punição dos culpados é um absurdo que não deveria fazer parte da Bíblia, deve se lembrar dos clamores de familiares pela punição dos assassinos de seus entes queridos, ou dos movimentos de protesto exigindo justiça para os casos de massacres inaceitáveis, como o dos Sem-Terra de Eldorado dos Carajás e o dos presos do Carandiru. Lembre-se, sobretudo, de que ainda hoje muitos

---

[2] O equilíbrio na aplicação das penas está claramente definido em Dt 25,1-3.

crimes contra a vida são punidos com a pena de morte, que é legalizada em vários países. Portanto, não é coerente afirmar, com base na interpretação corrente da "lei do talião", que a Bíblia, especialmente o Primeiro Testamento, é severa demais e apresenta leis fora da realidade humana.

Certos acréscimos na legislação podem ter buscado humanizar um pouco algumas leis que poderiam parecer muito duras. Relembremos o caso já visto anteriormente da lei de consagração dos primogênitos: perante esse dever sagrado, estabelece-se que a criança ficará com a mãe os sete primeiros dias (Ex 22,29), tempo que pode ser simbólico, como vimos no capítulo quarto, sobre o Código da Aliança.

Este detalhe, quase imperceptível, revela uma preocupação que hoje em dia as leis trabalhistas e a prática hospitalar consideram um direito fundamental do nascituro e da própria mãe: esta e seu filho têm direito de ficarem juntos por algum tempo. A atual lei da "licença maternidade" estabelece um tempo bem maior para a mãe e se aplica também ao pai do recém-nascido, mas por um período menor. O aspecto psicológico da prescrição bíblica é de grande delicadeza: tirar um recém-nascido de junto de sua mãe, ainda que para apresentá-lo a Deus, pressupondo que a mãe tenha que ficar em casa, é algo angustiante, desprazeroso.

O mais interessante nisso é que essa norma se estende também aos animais.

b) Ver o contexto e a mentalidade por trás do texto

Com o passar do tempo, as situações mudam e a mentalidade das pessoas também. Se não considerarmos isso, tomaremos como absurdas hoje normas que, no contexto em que surgiram, eram legítimas. É o que aconteceu com este fato de nossa história recente, já mencionado antes: a escravidão. Hoje a consideramos absurda, inaceitável, desumana, contrária à vontade de Deus, mas não podemos julgar o passado com a mentalidade de hoje. No contexto da sociedade colonialista vigente nos séculos XV a XIX, contava-se com todo um sistema cultural, político, econômico e também religioso que dava largas margens para manter escravos os negros capturados na África, sem nenhum problema de consciência.

Da mesma forma, não podemos julgar a Bíblia, onde os contextos eram bem outros. Ela não só fala da escravidão como algo absolutamente normal e socialmente aceitável, como até previa que um hebreu chegasse a ser escravo de outro. E isso apesar de relembrar sempre que eles foram libertados da escravidão do Egito! Hoje poderíamos nos escandalizar com o fato de que a Bíblia contenha leis assim, mas, na época, isso era aceito pela sociedade, fazia parte da cultura daquele povo.

Entretanto, o "contexto" de um texto não é apenas a situação sociopolítica dentro da qual ele surgiu, mas também a mentalidade, as ideias – ou, se quisermos, a ideologia – dominantes na época, inclusive a interpretação teológica feita pelo autor. Nesse sentido, um texto pode estar reproduzindo a ideologia dominante ou, ao contrário, pode estar exatamente contradizendo essa ideologia. É nesse contexto que precisamos, por exemplo, entender uma das leis, para nós, mais absurdas: o "anátema", em hebraico *herem*, que soa como o decreto de genocídio dos povos conquistados pela força das armas. Sua formulação legal está no Código Deuteronômico. Precisamos analisar aqui sua formulação completa:

Quanto às cidades destas nações que o Senhor teu Deus te dará como herança, não deixarás sobreviver nenhum ser vivo. Sim, sacrificarás como anátema os heteus, os amorreus, os cananeus, os ferezeus, os heveus, os jebuseus, conforme o Senhor teu Deus te ordenou, para que não vos ensinem a praticar todas as abominações que elas praticavam para seus deuses: estaríeis pecando contra o Senhor vosso Deus (Dt 20,16-18).

Nas passagens narrativas, sobretudo naquelas do período da conquista de Canaã, como no Livro de Josué, temos a descrição mais detalhada de como essa lei era cumprida: mulheres, crianças, idosos, e até os animais, todos eram passados ao fio da espada. Até as construções desses povos eram demolidas! Mas alguns bens poderiam ser tomados "para o tesouro da casa de Deus".[3] Esta lei, por injustificável que seja, tem por detrás uma mentalidade interessante: evitava que as guerras se tornassem meio de enriquecimento. Mas, a lei do "anátema" impedia que elas se transformassem em máscaras para a ganância de domínio ou de vantagens econômicas de alguns.

Em casos extremos, naquele tempo em que a via diplomática não era uma opção, a guerra poderia ser a única saída para resolver um conflito. Mas nunca poderia ser um meio normal de enriquecimento. Ainda que o despojo ou a pilhagem dos vencidos servisse de motivação para muitos partirem para a guerra.

No mais, o "anátema" evitava que Israel "se contaminasse" com o culto dos povos conquistados, o que era extremamente perigoso para a identidade nacional naquele momento. Vale lembrar que esta lei só era aplicada em circunstâncias

---

[3] Ler: Js 6,17-19.21.24.26; 27,24-25.28.

de guerra, seja na conquista da terra, seja no contra-ataque de Israel em defesa do povo contra algum opressor vizinho.

Tomemos ainda outro caso: as leis que proíbem de comer a carne de certos animais. Via de regra, os animais proibidos são aqueles cuja carne podia provocar doenças para as quais não se conhecia remédio, ou simplesmente aqueles que causavam repugnância. Em sua maioria coincidem com a mentalidade de hoje: abutres, urubus, corvos, corujas, gaviões, ratos, cães, répteis em geral e insetos, continuam sendo excluídos do nosso cardápio. Já o porco e alguns outros animais, embora aparentemente asquerosos, são apreciados hoje sem nenhum problema, pois, se bem preparados, não causarão nenhum mal a quem comê-los.

A associação em especial do porco com a impureza é fruto de seu próprio comportamento e de seus hábitos alimentares, o que faz dele um animal repugnante aos olhos da cultura judaica e também na cultura árabe, nas quais o consumo de sua carne é terminantemente proibido. Daí a atribuir um motivo religioso para se proibir seu consumo não é preciso muito esforço.

Hoje, inclusive, se sabe que a carne de porco tem muito menos colesterol do que a bovina, sendo, nesse caso, mais saudável.

Para a maioria dos cristãos, a questão religiosa da proibição ficou superada pela opinião de Cristo quanto ao puro e impuro (Mc 7,1-23), ficando hoje restrita a uma questão de cultura e mentalidade. O mesmo não se dá em outras culturas, até mesmo na brasileira. Inclusive, por razões de fé, os indianos não comem carne bovina, o que é permitido na Bíblia, e enquanto por aqui o dono de um animal que causar um acidente nas estradas pode ir para a cadeia, na Índia as vacas são as donas absolutas das ruas. Esse é um exemplo de como determinadas crenças influenciam também na formulação de leis, que se tornam parte da cultura de um povo.

c) Considerar que a Bíblia não foi escrita de uma só vez

Como dissemos, a Bíblia não caiu do céu. Brotou do chão da história humana, mas não de uma vez, da noite para o dia: levou cerca de mil anos para ser escrita por inteiro. Nesse período, muita coisa evoluiu, novos casos surgiram, novas situações se apresentaram, novos desafios apareceram, exigindo de Israel o esforço de ir atualizando sua história e também suas leis. É normal, portanto, que encontremos algumas normas mais primitivas ao lado de outras mais avançadas, devido ao complexo processo de como a Bíblia foi transmitida, escrita e editada, em sucessivas camadas. Além disso, houve um progresso também na própria revelação de Deus, ou seja, ele não revelou tudo de uma vez, mas foi dando a conhecer a Israel a sua vontade ao longo do tempo, através dos acontecimentos. Assim, o Deus que na conquista de Jericó aparece como o guerreiro valente que faz cair os muros da cidade e coordena um massacre geral, é o mesmo Deus que no episódio de Jonas tem piedade da população de Nínive, a cidade opressora do povo, em determinado período de sua história, numa clara demonstração de misericórdia e mudança de mentalidade.

Não temos o que fazer hoje com a "lei do levirato" (Dt 25,5-10), mas o amparo à viúva é garantido legalmente através do direito à pensão do marido, que se aplica igualmente ao viúvo. Mesmo assim, continua válido o dever moral da solidariedade que ultrapassa os limites familiares e é de todos. E esse é o espírito dessa lei bíblica. Portanto, há leis que claramente caducaram, perderam o sentido dentro de uma compreensão mais profunda de Deus, que se vai ampliando com o caminhar do tempo.

d) Considerar a Torah como "instrução" de Deus para todos vivermos felizes

Vimos que a Torah não contém apenas leis, no sentido estrito, mas se transformou na "Constituição" do Povo de Deus e, portanto, sua "Lei máxima". Além disso, ela significa muito mais "instrução" do que "lei". Por isso, é preciso superar o aspecto apenas legal e, como já dissemos, procurar o sentido de vida e para a vida que está embutido nas palavras da Lei. O importante não é a norma em si, mas o "funcionamento" da vida. Se a vida não está "funcionando", tem-se de checar com o "manual de instruções" para ver onde pode estar o problema.

Mas o manual não diz tudo. No final, sempre recomenda: "em caso de dúvida, procure a assistência autorizada". No caso das leis bíblicas, é necessário ir com cautela em algumas leis. A "assistência autorizada", neste caso, seria a ajuda de pessoas com mais experiência, como biblistas, professores da área etc. A melhor opção é fazer um bom curso bíblico, mas ajuda muito a leitura pessoal de livros, sobretudo os comentários a textos bíblicos. Também ajuda muito a troca de ideias com outras pessoas em grupos de reflexão, de leitura orante da Bíblia e afins.

Tudo deve sempre ser confrontado com as interpretações que a Igreja foi fazendo e armazenando em sua caminhada milenar com a Palavra de Deus. Isso evitará o perigo do fundamentalismo, que "queima" qualquer leitura bíblica justamente por não considerar que o importante é usar o aparelho, ou seja, viver a vida, e não o que está no papel de instruções.

e) Tomar a prática de Jesus Cristo como chave hermenêutica

Como dissemos no capítulo anterior, as comunidades cristãs fizeram uma "releitura" das Escrituras judaicas à luz da sua fé na pessoa de Jesus Cristo. Desse processo surgiram as "Escrituras cristãs" ou "Segundo Testamento". Por isso, qualquer interpretação cristã de textos normativos na Bíblia, independentemente de em qual Testamento estejam, precisa passar pelo crivo da pessoa de Jesus Cristo e sua Boa-Nova. Sem isso, não há hermenêutica cristã das Escrituras. Tratar de leis específicas, como a lei do sábado, da pureza ritual, da circuncisão, de alimentos proibidos, do Batismo ou do casamento, sem confrontá-las com esse critério fundamental, que é a pessoa de Cristo, como Torah viva, é negar a originalidade da vida cristã e repetir o passado.

Os cristãos professam a fé em Jesus de Nazaré como a plena revelação de Deus no mundo. Ele é a última palavra de Deus sobre a história. Tudo converge para ele, como Princípio, Cabeça de todas as coisas. À luz dessa fé, a vida e a mensagem libertadora de Cristo se sobrepuseram à antiga lei mosaica. Assim, como já vimos neste estudo, muitos preceitos das Escrituras judaicas perderam o sentido com o advento de Cristo, sendo reinterpretados na ótica cristã, que reelaborou alguns e eliminou outros. Foram eliminados precisamente aqueles preceitos que tinham um espírito contrário à liberdade que Jesus anunciou e viveu, enquanto foram reelaborados aqueles que serviam ao novo modo de ser, à nova ética cristã. Assim, por exemplo, a "lei do talião" foi suprimida, para o cristão, pelo dever do perdão e do amor aos inimigos, pelo "oferecer a outra face"; o aspecto físico e exterior da lei da impureza foi superado em favor da verdadeira origem do que torna impuras as pessoas: o coração humano, quando faz nascer dentro de si a maldade; o sábado foi reassumido no domingo, dia da Ressurreição; a circuncisão foi ressignificada no Batismo; a Ceia Pascal, na Eucaristia, e assim por diante.

Conclusão

Com o presente livro sobre o gênero literário normativo na Bíblia, tivemos o propósito de introduzir e acompanhar os leitores no complexo campo das leis bíblicas e facilitar a compreensão desse tema, que geralmente não atrai muito o interesse. Nosso método de análise é o histórico-crítico, por se tratar de um assunto essencialmente vinculado às situações mais concretas do povo de Israel, o que exige do intérprete atenção aos diferentes contextos históricos das leis.

Começamos mostrando que as leis, normas, regras, orientações e coisas desse gênero são sempre necessárias e estão presentes em nosso dia a dia, embora não as conheçamos a fundo, e que seu objetivo primordial é promover a convivência pacífica e justa na sociedade. Como a Bíblia é o livro da vida por excelência, ela não poderia deixar de legislar sobre muitos aspectos da vida pessoal, familiar, comunitária, política e, é claro, da religião, especialmente no que tange ao culto. A compreensão deste e de outros gêneros literários é fundamental para uma adequada exegese, segundo estas palavras da *Dei Verbum*: "Importa, pois, que o intérprete busque o sentido que o hagiógrafo pretendeu exprimir e de fato exprimiu em determinadas circunstâncias, segundo as condições do seu tempo e da sua cultura, usando os gêneros literários então em voga" (n. 12).

Uma vez que o corpo normativo bíblico é muito vasto, concentramos nosso estudo nos textos que se apresentam na forma literária explícita de "lei", ou seja, aquelas ordens que valem igualmente para todos e de forma duradoura. Tais textos se encontram em maior quantidade no Pentateuco, livros que coincidem com a Torá judaica, e em menor escala em outros escritos, como no profeta Ezequiel. Isso nos levou a esclarecer, de antemão, o rico conceito de Torah no judaísmo, vendo-a não só como "a Lei" no sentido estrito, mas também como "instrução", "ensinamento". Frisamos, ainda, os aspectos humanos e históricos que proporcionaram o surgimento dessas leis ao longo da caminhada do povo, sempre crescendo na sua compreensão do que é a vontade divina. Nesse sentido, procuramos elucidar em que sentido essas leis são "de Deus".

Depois de apresentar brevemente a classificação das leis, do ponto de vista de sua formulação literária, identificar as formas como geralmente elas são escritas, distinguindo-as de outros textos igualmente normativos, mas que não se apresentam na forma de "leis", como é o caso dos provérbios, das parábolas e outros, chegamos ao ponto central do nosso estudo: o comentário a algumas leis contidas nos principais conjuntos ou códigos de leis do Pentateuco e também em Ezequiel. Sendo estes materiais muito diversificados nas temáticas e alguns deles muito extensos, como é o caso do Código Deuteronômico e do Código Sacerdotal, limitamo-nos a chamar a atenção, em alguns casos, para as mudanças na legislação, para os acréscimos ou supressões, as diferenças de mentalidade etc. Tudo isso aponta para uma evolução da prática e do pensamento jurídicos em Israel.

Comentamos, também, algumas leis que, pelo seu teor, podem parecer estranhas ou até inaceitáveis para a mentalidade atual, como é o caso de certas leis sobre violência sexual, sobre os escravos etc., ou as que tratam de aspectos do culto ou da vida social que são bem diferentes da nossa cultura e que despertam curiosidade.

Por fim, abordamos algumas questões relativas ao significado da Torah no cristianismo, em cujos escritos sagrados se percebe uma releitura ou nova interpretação desse conceito a partir da práxis de Jesus Cristo, considerado a "Torah viva", como "Caminho, Verdade e Vida" (Jo 14,6). Tentamos descobrir, então, essa releitura em alguns dos autores das "Escrituras cristãs" ou Segundo Testamento: Paulo, Lucas, Mateus, Tiago e João.

Fechando todo esse percurso, apresentamos cinco "regras básicas" para se entender as leis na Bíblia: descobrir o aspecto humanista das leis bíblicas; observar qual é o contexto e a mentalidade que está por trás do texto; levar em conta que a Bíblia não foi escrita de uma só vez; considerar a Torah como "instrução" de Deus para todos vivermos felizes; tomar a prática de Jesus Cristo como chave hermenêutica.

Referências bibliográficas

A BÍBLIA DE JERUSALÉM. 10. ed. São Paulo: Paulinas, 1985. (Coord. Gilberto da S. Gorgulho; Ivo Storniolo; Ana Flora Anderson.)

BÍBLIA HEBRAICA STUTTGARTENSIA. Stuttgart: Deutsche Bibelgesellschaft, 1990.

BRENNER, Athalya (org.). *Cântico dos Cânticos a partir de uma leitura de gênero*. Trad. Rosângela Molento Ferreira. São Paulo: Paulinas, 2000.

CRÜSEMANN, Frank. *A Torá*; teologia e história social da lei do Antigo Testamento. Trad. Haroldo Reimer. 3. ed. Petrópolis: Vozes, 2008.

DEI VERBUM: MÊS DA BÍBLIA 2012. São Paulo: Paulus, 2012.

DICIONÁRIO HEBRAICO-PORTUGUÊS E ARAMAICO-POR-TUGUÊS. 2. ed. São Leopoldo/Petrópolis: Sinodal/Vozes, 1987.

ENCICLOPEDIA DE LA BÍBLIA. 2. ed. Navarra: Verbo Divino: Madri/Paulinas, 1983.

GRUEN, Wolfgang. *O tempo que se chama hoje*. São Paulo: Paulinas, 1977.

SCHÜSSLER FIORENZA, Elisabeth. *Caminhos da sabedoria*; uma introdução à interpretação bíblica feminista. Trad. Monika Ottermann. São Bernardo do Campo: Nhanduti, 2009.

SEPTUAGINTA. Stuttgart: Deustche Bibelgesellschaft, 1979.

SICRE, José Luís. *Introdução ao Antigo Testamento*. Petrópolis: Vozes, 1995.

_____ *Profetismo em Israel*; o profeta e os profetas: a mensagem. Petrópolis: Vozes, 1996.

Impresso na gráfica da
Pia Sociedade Filhas de São Paulo
Via Raposo Tavares, km 19,145
05577-300 - São Paulo, SP - Brasil - 2013